超高效學習

LEARN LIKE A PRO

超級學霸 × 跨界學習權威的
35 個 PRO 考試秘技

芭芭拉・歐克莉 Barbara Oakley PhD　歐拉夫・修威 Olav Schewe 共著

高霈芬 譯

PRO 是專家（Professionalist）的簡稱，
學習、考試的方法是門「專業的技術」。
學習成效如何，無關天生智力，
而是關乎「你怎麼使用大腦」。

| 推薦序 |

《超高效學習》
讓你輕鬆掌握高效學習法！

林怡辰

資深國小教師、2016 未來大人物教育類得主

　　讀到《超高效學習》不禁眼睛一亮，由超級學霸《超級學習》作者＋跨界學習權威《學習如何學習》、《大腦喜歡這樣學》作者共著，這兩位作者的數本著作，都大獲好評，更是教育工作者必讀，符合大腦運作的學習法、教學法，令人印象深刻。

　　而這本《超高效學習》則是一本適合學生自學的小書，讀來容易，輕鬆理解，方法具體，11 個章節就是 11 個階段：從練習專心並戰勝拖延、突破卡關、深入學習、善用工作記憶，加強筆記技巧、強化記憶力、把學習內容內化為直覺，想得更快、從零開

始打造自律能力、激勵自己，提升動力、提升閱讀效率、戰勝考試，最後成為學習的專家。

　　這些從腦神經科學和認知心理學延伸的方法，藉由簡單的羅列和容易理解的故事細節，容易理解、方便執行。我一邊閱讀一邊帶入我從數學系畢業之後，到進入語文教育、讀報教育、圖書館教育，最後還跨界到行動學習領域、撰寫書籍、演講分享、不斷優化的過程。許多方法我已經實踐，且已經成為直覺，像是番茄鐘工作法、專注模式與發散模式來回切換，就是我利用二十天書寫第二本著作《小學生學習年度行事曆》的歷程。

　　而像「內化數理解題步驟，加強解題直覺」、「迎戰長文閱讀：寫註解」、「後設認知學習模型」則是我長期帶領高年級孩子學習數學和語文時，必要的方法，且經過幾屆的學生反饋，成效卓然！欣喜地看見所用的方法和認知心理學和腦科學一致，更堅信前行之路。

　　當然，更欣喜的是書裡有著更多且細緻的學習法，不管教師帶領學生，或是孩子自己閱讀自學，都具體接地可行，結構化且具有步驟和示範，在這個知識爆炸的時代中，清晰且重點的思考是一種力量，掌握重要且有效的學習法，在學習上利用高效且正確的方式學習，將會成為一個良性正向的循環，不斷地影響孩子的學習和生活。《超高效學習》誠摯推薦給每一個學習者！

| 推薦序 |

像／向專家一樣學習

陳鏗任

國立陽明交通大學教育研究所副教授、
國立陽明交通大學高等教育開放資源研究中心 副中心主任

　　COVID-19 的全球疫情大流行，強迫世界各國的學校必須關閉以阻斷疫情傳播。疫情未見消緩的 2021 年，線上學習已經成為全球教育活動必備的第二軌方案。鄰國馬來西亞在本土疫情爆發之後，實施了多次的全面行動管制令。封城期間，線上課程帶給學生最大的體會，莫過於自律的重要：在離開「有教師的教室」情境之後，挑戰獨自面對如何自學。研究顯示，發展出學習自律（self-regulation）的學生，能夠自我監控、規劃、管理、與控制自己的學習，在指導與支持頻率較弱的學習環境中表現更好。不過，在我的一份研究中，當時大馬師生準備轉換線上教學的時間急迫，受訪學生很少具體提到學校或教師如何有系統地支持他們自學，畢竟老師們努力能夠緊急恢復學習已經極為勉強。

相較之下，臺灣防疫措施相對得宜，多次阻止了可能的大規模擴散，即便是 2021 年 5 月的三級警戒，我們有完備的資訊基礎建設、優秀且積極的教師社群、以及民間自發的跨界支援，再加上時間接近期末師生相熟、部分縣市也做過演練、還有一整年的其他國家經驗可以參考，中小學勉力克服這段網課期間的挑戰，成為師生和家長們跳出舒適圈的寶貴經驗。

這讓我回想起在疫情發生的前一年，歐克莉老師和我有次聊到全球的教育改革。她提及現今的改革方向可能捨本逐末。老師們花費心力設計各種促進高層次認知學習的活動，也在教改的浪潮中轉化自己，退居從旁輔助的角色，也導入各種科技、遊戲等等創新教學設計，促發學習動機，把學生推上舞台當學習的主角，鼓勵學生大量互動，實現學生本位學習的理想，也創造出亮麗的學習成效。可是，會不會一當這些卓有成效，但老師們花費大量人力時間成本的「鷹架」消失無蹤，學生卻還沒有掌握有效的自學工具？學習工具箱還沒準備好的學生，接下來會發生什麼事兒？當然啦，雖然我們都無法預期世界的大災變，也不知道兩年後網課變成幾乎是唯一的大規模因應方案，但平日溫暖的歐克莉老師卻給出一個犀利的大哉問：

「我認為目前的教育系統真的失焦了，我們以為學習真的只能通過同學的同儕互動來實現。可是，同儕互動往往需要先仰賴教師的密集勞動才有辦法促成。教師有個迷思：學生上網學習效率低，因為他們上網並沒有跟老師或同儕互動，所以上線學不到東西。但，真正的問題恐怕是，身為老師的我們並沒有事先讓學生學到該如何在網課裡獨立學習。這樣一來，老師們抱怨學生學得很被動，說線上學習根本就是叫馬車拉著馬跑。但會不會老師連馬都還沒給學生呢？」

　　遺憾的是，大多數學生的經驗當中，對於「體驗到自己怎麼學」的經歷是隱晦不顯的。研究也指出，學生往往無法判斷自己所相信並實踐的學習方法到底有沒有效率。造成這個現象的原因，有一部份或許是深植於我們文化當中，堅信學習是一道辛苦的成道之路，每個人都應該親歷「讀書千遍，其義自現」，終將達到滴水穿石的頓悟。另一方面，在學科總節數無論如何只能減少不可以增加的教改潛規則當中，也會使得有些老師不得不想著，學習策略怎麼會是學科老師在日漸短少的節數中應該包含（且負責教會）的範圍？畢竟進度已經壓得老師們喘不過氣來！而且，為什麼不是小學老師負責把學生的學習工具箱準備好，中學老師專心教學科就好？（同理：大學老師也會抱怨為什麼中學老師沒有先把學生準備好的抱怨，您可能也不太意外）。

　　無獨有偶，經濟合作暨發展組織在《2030 年學習指北針》（*The OECD Learning Compass 2030*）白皮書及相關報告就已經呼籲各國，教育體系需要幫助學習者在「變動不居的情境與特殊變動的考驗」中，還能夠不斷自學。這是因為人類在本世紀的挑戰充滿了 VUCA：Volatility、Uncertainty、Complexity、Ambiguity（激烈、不確定、複雜、模糊）。激烈的變化使得有效的預測變得困難；對結果難以預知而不敢確定；資訊暴增，越來越多的變項在事件中相互牽連影響；以及事件、狀態、或脈絡未必立刻可以得知或互相矛盾，使現象模糊。也因為如此，OECD主張，未來人類所需的素養必須以後設學習（meta-learning，學會如何學習）作為基底，已開發國家與開發中國家在教育下一代時必須把學生的後設認知、自我監控、自主學習等技能視為重要發展項目。走過疫情讓我們發現，學生若還沒具備充分的後設學習能力，在承平時期的校園生活中或許相對容易獲得其他支持機會（如老師的教學設計、學校的學習診斷資源、科技化學習扶助、同儕等），但是一旦無法依賴

他人，必須獨力線上自學的時候，不論是認知上的
監督自己的學習狀態，還是情緒上要克服孤獨感，
或懂得運用幫助專注力的 app，都成為真實的挑戰。
OECD 的教育與技能總監 Andreas Schleicher 進一步強
調，在「後真相」謠言滿天飛舞，加上演算法推薦你
「同溫層」的資訊爆炸時代中，後設學習不僅是學生
知識技能與態度的奠基，更是我們離開校園之後，還
能賴以維持獨立思考判斷力的礎石。

　　教育專家諄諄提醒，但千里之行始於足下。已經
突破三百萬學子的學習之道（learning how to learn）
磨課師裡頭談的，是來自腦科學證據所支持的學習原
理。有趣的是，最受歡迎的內容往往並不是講解大腦
如何學習的段落，反而是歐克莉與各行各業的專家訪
談，在分享中看見專家們的學習方法確實吻合科學上
的學習原理。像/向專家一樣學習，讓同學們收穫最
多！

　　看見全世界樂學者的需要，歐克莉老師邀請歐
拉夫·修威一起合作在Coursera開設最新的「Learning

Like a Pro」同名磨課師，並協力完成本書。修威充滿活力，一邊經營著自己的教育新創事業 Educas（是挪威的全國前 40 大青年新創唷！）；另一邊，他是劍橋大學博士候選人，專攻以大數據分析的結果，強化線上環境當中的學生自律學習技能與成就表現。他還同時參加牛津大學教育測驗中心的研究團隊，進行數位化的學習測量。這本「超高效學習」，匯集了歐克莉老師從學習之道系列磨課師至今，深受學生喜愛並稱道的學習策略，而且兩位作者把策略精簡為簡單的步驟！讓您可以在步驟的演練過程中，啟動大腦的程序性學習路徑，形成終身受用的學習好習慣。

我的老師王秀玲教授在教學原理課堂上說過一句我永遠記得的箴言：「老師教得越多，學生學得越少」。《超高效學習》完全抓住重點，言簡意賅，不能只看完就好，請一定要抓一兩個技巧實際用用看！讓我們往學習之道一同邁進！

Happy Learning!!

| 推薦序 |

要考到第一名，
其實真的跟聰明無關

黃馨弘

《大腦百科》醫學譯者、《適腦學習》醫學審訂

　　從我是醫學生的時候開始，就常常被問到：「要怎麼樣才能像你一樣這麼會讀書？」很多學生和考生都以為成績好的人，都只是「天才」，天生就能夠高效率地學習。但你知道嗎？要像班上第一名的同學一樣，其實真的跟聰明無關，「超高效學習」完全是一種後天可以練習的技術！

　　本書的作者芭芭拉‧歐克莉與歐拉夫‧修威，就像你我一樣，都不是在班上的天才型學生，在學生時代苦苦地追趕著各種就算熬夜也讀不完的書本與考試。但芭芭拉後來從一個「沒有數學天分」的人，成

為了工程學的教授，甚至在線上學習平台教授全世界的學生如何學習；歐拉夫在用了正確的學習方法後，從牛津大學以優異成績畢業。學習，真的是有方法可循的。

對於全世界苦於學習的學生，這兩位「學霸型」人物，簡明扼要地將學習的方法，分成了十一個章節。在這十一個章節，兩位作者對專注力、筆記技巧、時間規劃、自我激勵都有非常實用的觀點。最棒的是，這些學習的技術並不只是他們自己的經驗談。這些輔助學習的技術，有神經科學與認知心理學的依據，也是其他教育專家常常用來幫助學生的技巧。

例如「番茄鐘工作法」，就是我自己很喜歡的一種時間管理方式。和大家一樣，我也會在寫作的時候，不經意地去點開各種有趣的網頁或是拿起手機，中斷了正在進行的工作。「番茄鐘工作法」就是我自己長時間用來保持專注的方式，非常推薦大家用書中的方式親自試試看。

翻閱此書，為這本書中嶄新且充滿實證的觀念，感到十分驚豔，並相當羨慕這個時代的讀者。這些在醫學生間也常常有人使用的方法，終於能夠這麼簡單地，被整理成一本深入淺出的書。

　　無論你是正在學校讀書，準備期中期末考的學生，或是你是正在準備國家考試、執照考試的考生，都能夠透過這本書的叮嚀，提醒自己，讓自己照著每一個章節上的練習方式，一步步讓自己更加專注，使大腦進入心流狀態，相信一定對你的學習能夠有所幫助。

| 各界好評 |

「很容易閱讀並照做的實用小書，對大人或學齡青少年，都是很好的學習模式指引。」

——素養教育工作坊 核心講師　蔡依橙

「我希望我在學生時代就讀到這本書。它充滿實用的、有實證的好建議，讓讀者能克服拖延症、增強記憶力，並精準閱讀。每一頁含金量都超高！」

——《未來在等待的銷售人才》作者　丹尼爾‧品克

「如果你想學習如何學習，我想不出比這本書更好的指南了。兩位作者將自己從苦苦掙扎的學習經歷轉化為大師級的經驗，他們寫了一本異常易懂、能隨學隨用的書，你可以學到：如何積累知識、提高記憶力，以及激發更多學習動力。」

　　——《給予：華頓商學院最啟發人心的一堂課》、《反叛，改變世界的力量：華頓商學院最啟發人心的一堂課 2》、《擁抱 B 選項》作者　亞當‧格蘭特

　　「作為一名教育工作者和一名終生學生，我發現我們大多數人在學習方面都只是『硬來』：我們靠著偶然學得的技術，勉強應付各種考驗。但現在我終於看到了光。有一種方法可以優化我們的學習，是學習的最佳實踐方法！如果我們不將學習視為一門正確的學科，我們真的是傻瓜。這本書以如此簡單有趣的方式涵蓋了所有重要的學習方法，你會完全投入其中並發現：真的有用！」

　　——預測分析世界大會（Predictive Analytics World）及文本分析世界大會（Text Analytics World）創辦人艾瑞克‧席格博士

「本書是最佳學習指南，敘述生動且插圖精美，穿插了具有啟發性和娛樂性的漫畫，說明大腦為何會在某些特定狀況下發生潛在的神經變化。極好理解，也使我們成為更有效率的學習者。」

——UCLA 特聘研究教授　羅伯特 A. 比約克

超高效學習

超級學霸×跨界學習權威的
35 個 PRO 考試秘技

LEARN
LIKE A PRO.

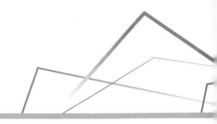

CONTENTS

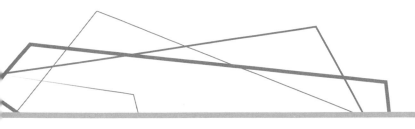

| 前言 |

致讀者

你是否花了大把時間學習卻成效不彰？你是否感覺要記住讀過的內容非常困難？你是否因為讀書無趣而拖延，同時還容易分心？

本書正是為你而生。

我們是歐拉夫・修威（Olav Schewe）和芭芭拉・歐克莉（Barb Oakley），我倆都在學習上吃過虧。但是，我們找到了幫助學習的各種實用技巧——不管學習什麼內容都可以運用。這些技巧有腦神經科學與認知心理學的根據。我們會給你一份提升學習能力的大補帖，不管你學的是數學、語言、程式、空手道、烹飪或其他領域都可以使用。我們會告訴你，當你動腦時，大腦內究竟發生了什麼事，你就能明白為什麼我們的學習策略有效。本書並非神奇的魔法書，但你會發現，挫折感降低並突飛猛進的感覺真的很神奇。

　　來看看修威的經驗。修威年輕的時候總想考高分，但不管他再怎麼努力苦讀，總是失敗。然而，在修威自認不夠聰明，打算放棄夢想之際，他發現高分的關鍵並非天賦，也不是學習時數──讀書方法才是決定因素。少年修威於是退一步調整自己的學習方式，成績也開始突飛猛進。

　　最後，原本成績平平、學習遲緩的修威，竟成了高中全班第一名。後來他也在牛津大學（Oxford University）以優異的學業成績取得經濟與商學碩士學位。修威的著作《超級學習》（Super Student）登上了學習效率書籍的全球暢銷榜，目前已有十幾種語言的譯本。

　　至於歐克莉，她在高中的那幾年數理一路慘當到底。她深信自己「沒有數學基因」。但是她到了 25 歲決定再給數學一次機會，從新開始，從高中代數開始補洞。歐克莉在數理上的表現漸漸有了起色。

她使用在美國國防語言學院（United States Defense Language Institute）讀語言時學到的學習技巧來學習數理，並大有斬獲。歐克莉現任工程學教授，也在全球規模最大的線上課程平台開了一門課程「學會如何學習」（Learning How to Learn）。該課程有上百萬名來自世界各地的學生。這個例子告訴我們，若你自認天生缺少學習某個學科的能力，其實也許不然。

　　或許長久以來，你都認為自己「數學很爛」、「沒有語言天賦」、「沒有群眾號召力或表現能力」，但事實上，你可能根本還沒學過以上領域的「正確學習方式」。本書能夠幫助你改變你的學習方式或學習技巧，這些方法都奠基於最新的神經科學研究，能夠讓你學習突破卡關，更加得心應手。

　　修威和歐克莉這幾 10 年來撰寫了許多學習領域的文章，也開班授課並做相關研究，因此與來自許多不同領域的專家多有交流。你在這本書中讀到的各種實用學習工具以及學習觀念，都是結合「腦神經科學」、「認知心理學」、「教育學」等領域的研究成果，也參考納入了上千名曾經深陷學習低潮的學生的意見。

　　優秀的學生會在大腦中慢慢添加學習工具與學習技巧，並運用後設認知來思考。意思就是，他們會分析自己的學習狀態，進而找出使用大腦學習工具的時機與方式。如此一來，就算沒有「天生」善於學習的大腦，也可以把大腦的能力發揮到極致。

　　這本書會帶著你如法炮製。就讓我們開始吧！

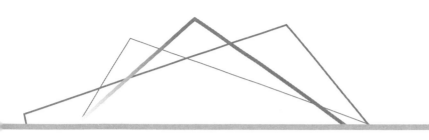

第 **1** 章

練習專心並戰勝拖延

　　你會讀這本書，是因為不管學什麼，你希望投入的每一分鐘都對學習有幫助。我們先從全世界最簡單、最有效的學習工具「番茄鐘工作法」開始介紹。[1] 這個經過研究證實的聰明小技巧絕對可以幫助你專心。首先我們會介紹使用方法，接著再解釋這種方法為什麼有效。

番茄鐘工作法

　　使用番茄鐘工作法來安排學習時間：

一、在學習或工作的環境中坐好，移除所有可能令你分心的事物

　　確定電腦不會彈出通知、手機提示音不會響，也沒有其他可能讓你分神的因素。

常見的番茄鐘應用程式
- Focusbooster（PC電腦版）
- PomoDone
- Forest
- Toggl

番茄鐘工作法的簡單四步驟

4 休息 5 分鐘

1 移除所有
令人分心的事物

3 全神貫注地
做手邊的工作

2 計時 25 分鐘

---

1 這是義大利人法蘭西斯柯‧齊立羅（Francesco Cirillo）於
1980 年代創的工作法，由他本人發明的番茄形廚房計時器
為名。番茄鐘學習法的英文是「Pomodoro Technique」，
pomodoro 就是義大利文的番茄。

二、使用計時器，計時 25 分鐘

傳統計時器或無聲電子計時器皆可，也可以用手機內建的計時器或是下載應用程式。若是使用手機計時器，要把手機放在眼不見、手不及的地方，才不會在專心學習時受到打岔。

三、盡所能埋頭苦讀或埋頭苦幹 25 分鐘

如果開始神遊了（不神遊是不可能的），趕緊把注意力轉回手上的任務就好。很少有什麼事情不能等25 分鐘。如果忽然想到什麼事而分心，又感覺這件事非做不可，就先寫在待辦事項上，學習時間結束再去做。

四、獎勵自己

25 分鐘後，給自己約 5 分鐘的獎勵時間。可以聽首你最愛的歌，閉上眼睛放鬆休息，去散散步，泡杯茶，抱抱你的小貓、小狗——能放飛心思的事情都好，但最好不要在休息時間滑手機或收信——後面會

告訴你為什麼。

五、視需要再來一回合

如果你打算讀書 2 小時，可以做 4 輪番茄鐘，每一輪的休息時間約 5 分鐘。如果你感覺休息完很難回頭繼續讀書，也可以替休息時間計時。

看起來很簡單，對吧？確實很簡單。使用番茄鐘工作法的時候，你可能會偶爾恍神，但事實上幾乎人人都能專心致志 25 分鐘。

番茄鐘工作法為什麼有效

你可能會想，這麼簡單的方法效果何以如此強大？原因在於番茄鐘工作法掌握了大腦學習的關鍵。

● 用番茄鐘工作法啟動專注力，可以幫助大腦在現今這個充滿干擾的手機時代練習專心、不被打擾。

● 短暫的休息，讓大腦脫離專注狀態，可以幫助你把剛才學習到的內容轉移到長期記憶中，替大腦清出空間來學習新知。新知轉移到長期記憶的過程是無感的，所以我們有時會跳過休息時間——可千萬不要跳過休息時間！

- 對獎勵的期待可以幫助你在 25 分鐘的學習時間更加努力。

- 比起無止盡的苦讀，多次的短時間學習比較好上手，休息後也比較容易繼續開始。

- 你會開始重視學習過程——拿出一定的時間，專心學習——不要執著於目標或是成果。以長遠的角度來看，建立良好的學習模式比單次學習或特定目標重要多了。

- 人只要想到自己不喜歡或不想做的事，就會觸發大腦的島葉皮質，因此感覺「頭痛」。但是專心大約 20 分鐘後，這種痛苦的感覺就會消失。所以 25 分鐘恰好可以幫助你進入學習狀態。

　　番茄鐘工作法很有彈性。如果你很進入狀況，超過 25 分鐘還想繼續學習也無妨。獎勵的休息時間也可以調整。如果你的工作／學習時間已經超過 25 分鐘設定值，也可以休息超過 5 分鐘。切記，讓大腦休息是很重要的。有份報告針對時間紀錄應用程式搜集到的數據進行分析，發現高效能工作者平均工作 52 分鐘後休息 17 分鐘。這些超狂工作者成功的關鍵在於，他們專心的時候非常專心，休息的時候就認真休息。

　　如果工作／學習時間結束了，事情也做完了，那恭喜你。如果還沒，休息 5 分鐘（可以視個人需要設定「休息計時器」）後再繼續下一回合。如果你打算用番茄鐘工作法學習好幾回合，可以在第三或第四回合後休息久一點，例如 10 或 15 分鐘。

　　如果你要用番茄鐘工作法來學習新知，**最好在 25 分鐘內騰出幾分鐘，稍微暫停吸收，試著回想剛才學到的東西**。之後在第 3 章也會談到「回想法」（又稱「提取練習」——retrieval practice），「回想法」是記憶新知、了解新知的最佳利器。

休息時間避免使用手機

羅格斯商學院（Rutgers Business School）的姜尚勳（Sanhoon Kang，音譯）教授和泰瑞・庫茲伯（Terry Kurtzberg）教授的研究指出：「**休息時間使用手機，大腦便無法像在從事其他活動的休息時間一樣，可以有效充電。**」

兩位教授也註記道：「人類愈來愈沉迷於手機，所以我們更必須了解一有空檔就伸手拿手機的額外代價。雖然我們可能會認為手機和其他類型的互動或休閒無異，這份研究卻顯示手機對認知造成的負擔可能遠比我們想像的大。」

在面對面的訓練或課程中，手機特別容易使人分心。一項研究發現「課程中未使用手機的學生的筆記量多出了 62％，比較容易回想起課程中提到的細節，選擇題考試的表現也比上課一直使用手機的學生整整高了 1.5 等第。」就算只是在讀書時把手機放在附近都可能讓人分心，大腦知道手機在手邊，就會一直想要查看。

研究學者表示，就算你是手機離身就會無所適從的人，最好也還是把手機放在拿不到的地方。把手機放在背包、公事包或皮包裡，甚至留在車上或是辦公室，你會發現專注力居然可以大幅提升。

學習的時候不要多工

當你把專注力放在新課題上，存放在大腦中的相關資訊就會被喚醒。如果你一直改變手邊任務（例如從事某項工作時不停檢查手機），每切換一次任務都會消耗你的時間和精力。這就叫做「轉換成本」。

用一個研究舉例，密西根大學（University of Michigan）的研究員發現，受試者若切換任務，而非完成一項任務才開始進行下一項，認知表現就會降低 30% 至 40%。這是番茄鐘工作法的其中一個魔力

——可以幫助我們專心做某件事，不因受打岔而開始多工[2]。

然而多工有一個好處，那就是增強創意力。當你過度專注在一件項目上，你的認知會鎖死在任務本身，這會減損你使用其他角度看事情的能力。切換任務這個行為，就能夠降低認知鎖死的程度。那麼問題是：你該多久切換一次任務？目前沒有明確的答案，因為這端看你的任務需要你專注的程度，以及你有多被鎖死在任務本身而定。

當你發現你經常去忙瑣事而無法專注在工作本身，那麼我們建議你務必開始執行番茄鐘工作法，這會使你專注於單件任務。但如果你的解題或寫作進度順利，只偶爾在卡關時做點不一樣的活動，那麼可以說你的狀況是不錯的。

耳罩是幫助保持專心的好工具。我們推薦平均衰減噪音 31 分貝的標準型 Peltor 防音耳罩（是很巨大，但確實可以隔絕小孩尖叫聲），這款耳罩比一般降噪耳罩優秀。

打造一個沒有干擾因素的學習環境

　　談到避免多工，我們也建議**找一個沒有干擾因素或干擾因素較少的環境來學習**。學習專家並不建議在朋友或同事社交的空間學習，例如大學宿舍房或是學生、員工餐廳——這類地點可能存在很多干擾。安靜的圖書館或是沒有他人的地點比較理想。如果你必須在吵雜的環境學習，**耳塞、耳罩或是降噪耳機會很有幫助**。耳機還有另外一個附加好處，就是可以告訴別人「請勿打擾」。

　　電腦或手機跳出的提示是最惱人的干擾因素，人有時就是會手癢想查看訊息。一項研究指出，人在訊息應用程式開著的時候，平均每 35 秒就會檢查一次訊息。不過另一方面，被禁用非必要網站一週的企業

2　只有約 2.5% 的極少數人，可以有效在不同、複雜的任務間來回切換注意力。你是這 2.5% 的機率不高——多數人的大腦不能這樣運作。Medeiros-Ward, et al., 2015。

員工，不但工作專注力有所提升，產能也增加了。

　　所以**打開手機的通知設定，逐項檢查，關閉聲音、顯示以及震動通知**。「勿擾」模式很方便。用番茄鐘工作法幫助自己遠離網路或其他干擾因素，或是安裝網站封鎖程式。不要因為自己生在社群媒體充斥的現代，難以根除干擾因素就自怨自艾。早在 1800 年代中期，人們謠傳文學巨作《悲慘世界》與《鐘樓怪人》的作者，大文豪雨果（Victor Hugo）就曾請傭人把他一絲不掛地鎖在書房內，只給他紙筆，隔絕各種呼喚著他的干擾因素（不然他的作品應該無法這麼厚）。干擾一直都在──我們要做的只有找出戰勝干擾因素的最佳方法。

● 善用「被干擾時的小紙條」

　　如果你無法避免經常性地被打擾，那

常見的網站封鎖程式

- Freedom
- FocalFilter（Windows）
- SelfControl（Mac）
- StayFocused（Chrome）

麼當你處在被打擾的當下，請拿出紙筆快速記下你現在在這個任務當中的進度，或是讓自己之後能快速重新進入狀況的方法。例如：你正在閱讀一篇重要的文章，那麼可以記下自己快要讀完第三段，或是已經讀完整篇文章的 3/4。當干擾你的事情結束之後，你就能憑藉這張小紙條，很快回到任務的進度中。

這個小紙條的功能，可以減低重新作業時所造成的注意力渙散現象。它能提供大腦一個完結的暗示（即便這個完結只是暫時的）。有了這個完結的暗示，大腦就能專心處理干擾性的新任務，而當你回到原本的任務時，對任務本身也能更加有概念與掌握。

少量多次的休息

如前述，運用番茄鐘工作法時，給大腦時間休息非常重要。專注時間過長，大腦就無法把剛才學到的新知存放到長期記憶中，學習效率就會降低。此外，特定腦區長時間使用後會感到疲勞。雖然學者尚未找出確切原因，目前認為就像運動會使肌肉疲累，大腦也會因為使用而感到疲累，這就是所謂的「認知疲勞」（cognitive exhaustion）。

短時間休息（5 至 10 分鐘），休息期間要讓大腦完全放鬆——沒有網路、不傳訊息、不閱讀、什麼都不做，這樣最能強化剛才學到的內容，這樣新知識才能不受干擾，好好沉澱。也就是說，小睡片刻或什麼都不做不代表懶散——反之，你是在提升效率。

休息時活動筋骨，例如散散步或是小跑步，甚至起身泡杯茶，都是很好的選擇。休息時間活動一下之所以好處多多，可能單純是因為活動時不會思考太多事情。另一個原因是，活動本身就對學習過程有所助益——後面會針對這點做更深入的討論。

學習時可以聽音樂或雙耳波差音樂（binaural beats）嗎？

對多數學生來說，音樂似乎會降低學習效率，尤其是學數學的時候。邊聽音樂邊讀書可能會使你心情愉快，因而感覺可以讀得更持久。但這是因為你在聽音樂的時候，部分的專注力會被歌曲牽著走，於是無法全心投入、認真學習。

邊聽音樂邊學習也可能演變成多工，因為你會在

大學生每天應該讀幾小時的書？

如果你是大學生，我們建議平日每天讀書 2 至 8 小時（課餘時間），視你的個人目標以及系所課業量做調整。以醫科成績 A 的學生的讀書時數作為理想標準，上課時間之外，這些學生一天通常讀書 6 至 8 小時──一天讀書超過 8 小時並不會改善學業成績。成績B 或 C 的醫科學生一天通常讀書 3 至 5 小時。工程系學生平均一天讀書 3 小時，社會科學和商學生平均一天讀書 2 小時（歐克莉攻讀工程時，雖然不會選太重的課，一天還是讀 6 至 8 小時的書，所以才能拿到 A 的好成績）。

工作與調整播放清單間切換注意力。如果你在目前學習的科目上可以拿到好成績、評量也很優異，那麼邊聽音樂邊讀書應該沒問題。但是如果你的評量不如預期，或是感覺很難駕馭學習材料，建議不要聽音樂。有相關研究表明，注意力低下的族群能大大受惠於「聽音樂工作」這個行為。

　　有個與音樂有關的現象，叫做「雙耳波差」（binaural beats）。戴上立體聲耳機後，左右耳可以接收頻率有些微差異的聲音，例如一耳 300 赫茲，另一耳 320 赫茲。有趣的是，聽者不僅能聽到兩個原頻率，還會聽見第三個頻率——也就是兩個原頻率之間的差異。上述例子中，頻率差為 20 赫茲——這 20 赫茲就叫做「拍音頻率」（beat frequency）。

　　學者是在研究大腦如何儲存聲音資訊時，首度注意到雙耳波差的現象。早在 1970 年代就有人開始研究拍音是否會影響、改變腦部活動，使腦波往拍音的頻率靠攏，又腦部活動的改變是否會造成意識上的變化。今天，拍音頻率的使用者多是想要藉這種聲音來幫助專心、記憶、放鬆或冥想的大眾，他們會從各種不同網站下載雙耳波差音樂。拍音頻率是平淡、單調的聲音，所以通常會內還在音樂或粉紅雜訊（粉紅噪音）中。

　　你可以試試邊聽雙耳波差音樂邊讀書，但是要知道，目前這種音樂經的實證正面效果不甚顯著，至少在指標性研究中是如此[3]。雖然拍因頻率號稱可以幫助專注，網路上的雙耳波差音樂究竟是否符合標準，不得而知。最後，相關研究也指出，拍音頻率幫助專注的功效可能會因為遷入音樂而消滅。

冥想與瑜伽

　　冥想一向被視為幫助專注的方法。冥想大致可分為兩種類型——「專注冥想」，如曼陀語音冥想

3　可以上 https://en.wikipedia.org/wiki/Beat_(acoustics) 試聽拍
　　音頻率。

（mantra meditation），以及「覺察冥想」，如正念冥想。曼陀語音這類的冥想法是比較直接的專注力練習，雖然效果通常要在好幾週或好幾個月之後才比較明顯。覺察冥想或許可以藉著改善心情，間接提升認知能力。然而過往在冥想上的研究很少依據正確的科學研究方法，所以目前還需要更多的相關研究，是為一大挑戰。

有些初步指標顯示瑜珈對認知能力可能有正面影響，也或許可以提升發散模式建立神經元連結的能力。但是瑜珈領域的相關研究又比冥想更不完備，難有確切結論。

* * *

我們在這一章中談到了如何專心學習，但有時，光靠專心還不夠。遇到瓶頸的時候該怎麼辦呢？讓我們繼續看下去！

POINT

本章提到的 PRO 考試秘技一覽

① 使用蕃茄鐘工作法

② 不要多工

③ 打造一個沒有干擾因素的環境

④ 記得不時休息一下

本章重點概念彙整

- **蕃茄鐘工作法是戰勝拖延的最強利器**

  蕃茄鐘工作法的使用方式如下：

  ・移除干擾因素。

  ・計時 25 分鐘。

  ・盡所能在這 25 分鐘內保持專心。

  ・獎勵自己，讓大腦休息 5 分鐘左右（視需要計時）。

- 再繼續工作／學習 25 分鐘，直到工作完成
  或是精疲力竭。

- **「頭痛」令人想要拖延**
  留意自己想到「不喜歡的事」的時候出現的小
  情緒或小不適——這些感覺可能會導致拖延。
  但是當你真正動手的時後，這種「頭痛感」便
  會消散。

- **盡量避免多工**
  切換手邊的工作會產生「轉換成本」——愈少
  切換，成本愈低，學習效率也就愈好。至少
  專心 25 分鐘再切換工作是個很好的參考原則
  ——可以的話，同一件事情至少做 1 至 2 小時
  （包含休息時間），再切換到下一件事。但多
  工也不都帶來壞處：有時它能確保你的認知不
  會過度僵化、鎖死在工作本身。

- **打造一個沒有干擾因素的學習環境**

  逐項檢查裝置的提醒通知，關掉所有聲音、顯示以及震動通知。把手機放在拿不到的地方。

- **善用「被打擾時的小紙條」**

  當你回頭處理工作時，馬上就能進入狀況。

- **少量多次的休息**

  一項工作做太久不可能不疲乏。

- **如果你喜歡在工作時聽音樂，請確保音樂不會讓你分心**

  除非你已經很熟悉目前的學習內容，否則要邊聽音樂邊工作之前請三思。

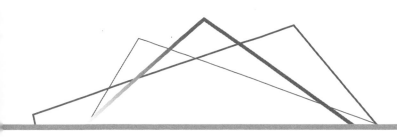

第  章

突破卡關

　　修威有次把遙控無人機撞入一顆大樹的樹頂，無人機就這樣卡在那裡，困在茂密的枝葉中出不來。因為高度太高，爬梯子搆不著，就算丟石頭也丟不到。

　　爬樹也行不通，因為無人機是卡在最細的樹枝間。修威感覺自己跟無人機一樣卡住了。怎麼辦才好呢？修威決定不怎麼辦。無為自化使他最後成功取下了無人機。怎麼辦到的？等等告訴你。

　　學習時卡關、挫折是很正常的事——提筆寫論文時，面對空白稿紙就擠不出個句子來；新的程式碼可能會讓你感覺自己像個殘障。我們在前面章節提到了幾個讓你認知不卡關，還能順利切換工作的技巧。如果你更加了解大腦的運作方式，就可以避開卡關的挫折感，讓學習更快速更順利。

運用專注模式與發散模式來解決大小問題

　　大腦有兩種截然不同的思考、學習模式。第一種模式叫做「**專注模式**」。專注模式是本書第一章的重

專注模式　　　　發散模式

學習必須在專注模式（左）和發散模式（右）間來回切換。

點。顧名思義，專注在某件事情上的時候，就處於專注模式。舉例來說，你可能專心在理解一道物理題的詳解，又或是努力想要熟記新詞彙。

　　第二種模式叫做「**發散模式**」。發散模式對思考和學習也很重要。當你處在發散模式的時候，思緒仍在腦中運轉，只是你並沒有專注在某個特定想法上。舉例來說，淋浴時、搭公車時、散步時或快要睡著時，忽然出現某種想法，這時的你就處在發散模式。大腦處在發散模式的時候，可以連結不同的思緒和想法，這是專注模式所辦不到的。這就是為什麼人常常在散步或是淋浴時出現新鮮有趣的點子。

學習新知或困難事物，就要在專注與發散模式間切換

　　如果你學的東西相對直觀，好比你已精通的領域中的相關知識，那麼你只需要用到專注模式。舉例來說，假設你在解 14＋32 這類不太複雜的加法題，就會進入專注模式。

　　但是如果想要學習新知或是困難事物時，該怎麼辦呢？好比你努力想要了解與心臟推動血液的複雜機制，或是數學中的導數概念，也可能是想要學會滑板翻板兩圈[4]。這時你可能會聚精會神，專注再專注，卻還是學不得要領。

　　妙的是，讓自己休息一下，幾個小時也好，睡一覺明天再說也好，常常就會有奇蹟發生。這個神奇的魔法就叫做發散模式。待你回頭再次專心處理待解問

題時，你會忽然出現「啊！原來如此！」的感覺，讓你可以在掙扎好久的問題上有所突破。

在此用個比喻來解釋專注模式和發散模式，好了解兩者之間的差異。

現在把你的大腦想像成一個迷宮，存放在迷宮各處的習得概念以及程序就是路徑。當你處在專注模式的時候，思緒就會順著這些設計好的路徑移動。下頁是迷宮路徑的示意圖。

當你專注在某個熟悉的領域時，例如數學的加法題，就是在使用迷宮某處已經鋪好的路徑。專注在另一項事物時，好比學習外語的動詞變化，用的就是自己過去在迷宮另一處鋪好的路徑。

但是如果你要理解或解決的是全新的問題，又該怎麼辦呢？大腦中沒有任何路徑可以依循——專注模式就會有點不靈光，因為沒有既有路徑可以使用。

4　無論你在進行的是思考性活動抑或是體育性活動，你的大腦都會在長期記憶區創建神經元的連結。詳見第 6 章。

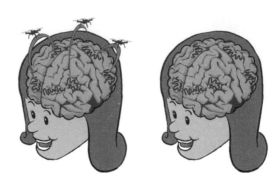

這張大腦迷宮圖是個很好的比喻，可以幫助你了解大腦在專注模式以及發散模式中如何運作。當你在處理你既有概念領域時，你會專注在既有路徑，進入專注模式。迷宮上空無人機的飛行路徑是你的發散模式。

　　那麼，發散模式究竟是什麼呢？最好的比喻是把發散模式想成一群可以在迷宮上空快速飛行的小小無人機。因為無人機可以在迷宮上空飛行，就可以替大腦不同區塊建立平常無法建立的連結。人在學習新知或是困難事物時，就會進入發散模式。發散模式幫助我們建立能力與理解力的全新神經迴路。

　　發散模式的運作察覺不易──但當你忽然理解了苦學已久的某個主題時，便會出現「啊！原來如此！」的感覺。就好像你忽然弄懂了數據分析中某難題的解法，忽然會彈某段困難的吉他橋段，或忽然出現行銷靈感。這種「啊！原來！」的感覺就是腦袋裡的小小無人機忽然替你建立起新連結的時刻。原本令人困惑、看似難解的問題這下茅塞頓開。

　　一旦發散模式給了你新的想法，專注模式就可以開始鞏固、強化這些概念。**這也就是為什麼，成功的學習體驗，需要在專注模式與發散模式之間來回切換**。先專心學習──埋頭努力處理手邊的材料──直到你開始覺得困難。接著休息一下，讓發散模式在背景處理學習內容。然後再繼續專注學習，這下學習內容就會比較好懂了。繼續學習，繼續在兩種模式間來

重點概念

一旦專注在某個特定領域，你就會在學習該領域時阻絕發散模式的運作。只有在完全脫離專注模式的時候，發散模式才能開始開始在該領域運作。

但是首先你確實需要全神貫注、努力學習，這樣發散模式之後才有施力點施展魔法。

回切換。

如何進入發散模式

　　學習某個主題時，要進入發散模式，首先必須努力鑽研好一陣子，或鑽研到感覺卡關為止，這時就要停止專注。

　　接著，為了要進入發散模式，最好做點比較無需用腦的活動，例如刷牙、洗碗、燙衣服、搭公車、淋浴，或是閉上雙眼躺著不動。這些活動會需要一點點專注力（畢竟走路還是不要撞到牆比較好），但不用太多。要讓大腦可以放飛自我。

　　專注力用罄的時候，自然就會進入發散模式。至於要在發散模式停留多久，視情況而定。舉例來說，眨眼的時候你會短暫進入發散模式──但是不要太高興，眨眼時間太短，大腦還來不及處理訊息。幾分鐘的白日夢時間也會進入發散模式。你也可以在發散模式中散步好幾個小時。一天之中，你自然會在專注模式和發散模式間來回切換。

　　現在你應該已經很清楚，登出專注模式，進入發散模式，不一定代表你在浪費時間。論學習，發散模式是祕密武器。使用得當，發散模式就可以提供你寶貴的解答與觀點——發散模式與創意之間有非常重要的關聯。

　　妙的是，你可以在某個主題上進入專注模式，同時在另一個主題上進入發散模式，這種現象給了我們

善用發散模式的例子

- 晚餐前提筆開始寫困難的論文，這樣晚餐時發散模式就可以在背景運作。
- 休息前開始動手解困難的習題。
- 上床睡覺前閱讀難懂的文章——隔天早晨繼續讀。
- 洗澡前再做一次特別複雜或重要的習題。
- 出門購物前複習單字。

一個超強大的學習工具——「起頭難」學習法。

在寫作業和考試時運用「起頭難」學習法

「起頭難」學習法是靠發散模式來處理困難的作業或考題。這種學習法很簡單：

一、先快速瀏覽作業或考題，在看起來特別困難的題目前打個小勾。

二、開始處理最困難的題目。不出幾分鐘你可能就會開始卡關。

三、一發現卡關就換解比較簡單的題目。

四、解完一題或數題簡單的題目後，再回頭處理困難的題目。

解完簡單的題目再回頭解難題時，很有可能發現這時好像有點頭緒了，很不可思議。這

重點概念

考試也好，寫作業也好，適時放下手邊的題目有時跟堅持一樣重要。學生常因為卡關時還執著於解開困難的考題，最後丟了簡單考題的分數。

是因為當我們專注在簡單題目上的時候，發散模式就
會在背景處理困難的題目。如果你一股勁地花時間處
理最難的題目，你的認知可能會被限縮在錯誤的解題
模式上，既浪費了時間又耗損了精力。遇到一時之間
解不開的題目，就果斷切換，讓你的大腦有時間回復
充電。而當你過陣子回到相同的難題上時，可能發現
你已經想出一套從新的角度來解題的方法。

　　如果在考試或學習時把難題留到最後處理，那時
你的大腦可能已經累了，沒辦法拿出最佳表現。更慘
的是，如果在計時考試中把難題留到最後解，你就沒
有足夠的時間讓發散模式在背景運作。

　　然而這種學習法有一個前提，就是寫作業前或是
考試前已經讀過書了──腦中要先存有知識塊或資訊
塊，發散模式中的無人機才能把這些知識、資訊連在
一起。

　　「起頭難」學習法也適用於申論題。先擬草稿或
大綱，不要急著寫下內容。接著去寫其他問題。給發
散模式足夠的時間在背景運作，再回頭作答。

運用發散模式撰寫初稿

撰寫報告或論文最大的挑戰就是完成初稿。這是因為當你在寫論文或報告的時候，每寫下一個句子就會想要潤飾。有時候腦中才浮現一個句子，你就馬上覺得不好，甚至都還沒機會看看這個句子實際寫下會長什麼樣。對自己的文章吹毛求疵，就像是每走一步路就停下來重綁鞋帶，這樣哪都去不了。

寫作之所以卡關，是因為你把專注模式該做的工作（編輯）和發散模式該做的工作（寫作）混在一起了。要避免繼續這樣下去，可以先把電腦螢幕蓋住或是關掉再開始寫作。這種方法一開始會讓人有點不習慣，但是你很快就可以找到寫作的節奏，純寫作、不潤飾。這樣一來，完成初稿的速度就可以大幅提升。畢竟初稿的重點是產出，哪怕你當下覺得這些文字有多爛，之後還可以修潤。

把寫作拆成發散模式（不准修潤）和專注模式（修改潤飾），就可以提升效率，讓寫作更有進展。

到咖啡店開啟發散模式

　　學習內容若需要大量記憶，例如背單字或解剖學的專業詞彙，在安靜的環境讀書會很有幫助。但是當學習內容是難以理解的概念時——好比歷史趨勢、造橋工程，或是分析困難的概念——在偶爾會出現干擾元素的環境學習可以阻斷專注模式，喚出發散模式。

Write or Die——不寫則死

「Dr. Wicked」（惡博士）研發的「Write or Die」——不寫則死——有好幾種版本，是很不錯的寫作程式。你可以使用「Write or Die」設定一分鐘內欲完成的字數，程式中有各種設定選項，一旦寫作進度落後，就會有討厭的聲音跟畫面跑出來。甚至還有「神風特攻隊」模式，使用這個模式時，如果寫得太慢，已經寫好的部分就會消失。不過這個程式確實替寫作增添了趣味，很妙。

這樣你就可以對這些難懂的概念有新的想法。咖啡店背景有交談雜音，也偶有杯子碰撞的聲音，這些都是發散模式的開關。現在甚至還有咖啡店應用程式，提供咖啡店背景音，這樣不論身在何處都可以享受咖啡店的環境音。

常見的「背景噪音」應用程式與網站

- Coffitivity
- SimplyNoise
- Noisli
- mynoise.net

修威是如何取下無人機的？

所以修威到底是怎麼把無人機從樹頂弄下來的呢？他不再滿腦子想著怎麼使無人機離開樹頂。這時，他就進入了發散模式。忽然，他想到可以把釣魚線綁在箭上，接著把箭射向卡著無人機的樹枝間。修威拉動釣魚線，搖晃卡著無人機的樹枝，無人機總算掉了下來。

*　*　*

　　本章討論了如何讓大腦在專注與放鬆之間，更輕鬆解決困難的問題。下一章我們要深入探討大腦，找出把資訊存放至長期記憶的實用技巧。

本章提到的 PRO 考試秘技一覽

⑤ 卡關時，啟動發散模式

⑥ 擱置手邊問題，過陣子再回頭處理

⑦ 使用「起頭難」策略寫作業或應試

⑧ 寫作和潤稿的時間要分開

本章重點概念彙整

- **專注模式**

可以幫助我們解決熟悉的問題，也可以幫助我們把困難的學習內容存在腦中，留給發散模式來處理。

- **發散模式**

  可以幫助我們在不同的學習領域中理解新的挑戰，像是學會新的會計概念、處理搜尋引擎最佳化的難題、或在強風中把高爾夫球推入洞。

- **學習通常需要在專注模式與發散模式之間來回切換**

  學習困難事物的時候很容易卡關——卡關代表是時候從專注模式切換到發散模式了。休息一下或是做些別的事，讓腦神經繼續在背景幫你處理問題。

- **使用「起頭難」學習法**

  考試或寫作業時，從最困難的題目開始解。感覺卡關時先把難題擱著，開始做其他題目，一陣子後再回頭解難題。

- **撰寫報告或論文初稿時不要潤飾**

  蓋住電腦螢幕是避免在撰寫初稿時潤飾的好方法，這樣就看不見自己到底在寫些什麼。

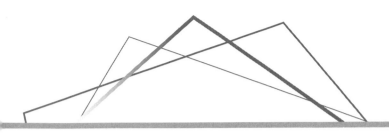

第 **3** 章

深入學習

　　你是否曾經為了準備考試而埋頭苦讀——反覆閱讀筆記、複習概念、整理重點——考試時卻仍不上手？

　　知道大腦怎麼學習可以幫助我們順利應試，也可以幫助我們建立深植腦海的知識和技術。但是學習不能單獨進行，還要靠運動和睡眠來幫助大腦吸收所學。我們會在這一章中統整這些概念。那就開始吧！

學習，就是在腦中建立連結

　　我們學習的時候，其實就是在建立神經元連結，神經元是一種基本的「構件」型細胞。人類的大腦中約有 860 億個神經元——數量相當充足，大可不必擔心學習超載。

　　兩個神經元之間的連結叫做突觸。就好像人可以把手臂伸往旁人的腿、觸摸他的腳趾，神經元的「手臂」（軸突）也可以伸往旁邊的神經元，觸碰它的「腳趾」（樹突小刺）。

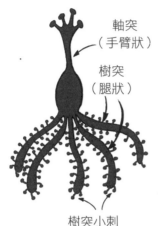

軸突
（手臂狀）

樹突
（腿狀）

樹突小刺
（腳趾狀）

突觸

左圖：神經元是大腦的基本構件。
上圖：學習新知的時候，大腦中的神
經元會建立連結，神經元的「軸突」
（一隻手臂）會往另一個神經元的
「樹突小刺」（一隻腳趾）靠攏，兩
者之間的連結點就叫做突觸。

　　新知識得以在腦內成型，是因為我們在長期記憶
中替某一組神經元建立了新的連結。不管學什麼都是
這樣——可能是新舞步、拉丁文生字，或是新的數學
概念。

　　當你回想以前學過的知識時，好比數學習題
4×25，或是西班牙文的「房子」，或是「凝結」一
詞的意思，訊號就會通過之前建立的突觸，在神經元

之間遊走。一旦精通了某個領域，就更容易想起該領域的概念，因為大腦長期記憶中的神經元已經建立起牢固的連結。神經元連結愈多、愈牢固，就代表該領域學得愈好。

　　學習簡單事物會創造出短連結。隨著學習內容難度增加，神經元之間就會建立更長的連結，並與其他連結纏在一起。所以假設你在學吉他的某個和弦，可以把這種小量學習想成創造小連結。而當你開始學彈整首歌的時候，就是在創造更大的神經元連結網。再舉個例子——你初次學到「譬喻」一詞的定義時，就創造了一小組神經元連結。然而每當你看到新的譬喻，腦中「譬喻」詞義的神經元連結不但得到強化，

圖中彼此的神經元連結是儲存在長期記憶中的習得知識。神經元連結可以幫助我們想起知識間的關聯性（以神經元後方的鏈子表示）。

其他神經元連結組也被接在一起，形成了更廣的神經
元網絡。

不管是什麼主題、技術、學科，在各種不同情境
下練習所「預先建立」起的連結是非常寶貴的。舉例

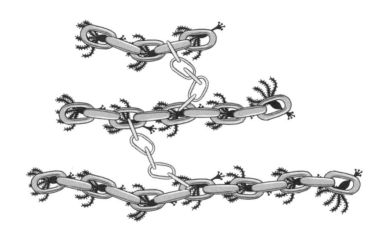

練習愈勤，神經元的連結就愈粗、愈牢固。學習更複雜的資訊
也可以創造出較長的神經元連結——從圖中可以看出，小資訊
建立的連結較短，就是圖片上方的三鏈連結，較複雜的資訊
則會創造出較長的連結。愈學愈多，你也會更加明白不同概念
之間的關係與差異——由圖中顏色較淺的鏈子表示，這些鏈子
把「主要概念」連結在一起。藉著理解與練習產生的神經元連
結與概念連結愈多，你就愈朝專家之路邁進。當然在現實生活
中，學習所牽涉到的神經元要比圖片上顯示的多得多！

來說，如果你已經建立起佈滿許多連結的神經元網絡，要在不同脈絡下解數學題目就會容易得多。也可能你因此可以用外語表達想法，畫下眼見的一切事物，或是輕鬆寫出你需要的演算法。

學習要主動，不可被動

學習務必講求主動，讓你的大腦努力工作、認真思考。不能只是閱讀解答，反要自己主動想辦法找出答案。你也可以試著回想剛才看過的影片內容或是書中段落要傳達的重點。你花費的心力會把樹突小刺往軸突的方向拉，如此便可以建立起牢固的神經元連結。神經元的連結在我們睡覺時仍持續發生。另一方面，沒聽進去或是沒讀懂這類的被動學習，成效不彰。被動學習時神經元只是呆坐在那，不會發出枝枒來建立新連結。（被動學習是沒有效率的專注模式，與發散模式不同，不要搞混）。**主動學習還有另外很重要的一點，就是可以減輕考試焦慮。**

被動行為　　　主動學習　　　有充足睡眠　持續數日的主動
　　　　　　　　　　　　　　的主動學習　學習（每晚都有
　　　　　　　　　　　　　　　　　　　　足夠的睡眠）

只是被動翻閱學習材料，很難建立新的神經元連結。然而，主動研讀學習材料時，就會像右邊三組神經元一樣，會迫使樹突生出小刺與軸突連結。粗黑線條代表強化後的神經元連結。

　　主動學習的核心概念叫做「提取練習」。換句話說，你要知道自己是否有能力從記憶中提取資訊或在心裡默想資訊，而非只是單純地閱讀學習材料。愈常提取習得的資訊，在愈多不同的脈絡底下提取這些資訊，神經元連結就會愈牢愈廣。

　　有趣的是，把訊息存放到長期記憶最好的方法，竟是試著從長期記憶中提取訊息，而非僅單純盯著答案瞧。

　　提取練習之所以重要還有另外一個原因。當你試著想要提取某些記憶的時候，大腦就會告訴你哪些是

你已經駕馭的內容（可以輕易提取的東西），哪些
又是你需要花更多時間學習的內容（無法提取的東
西）。大腦給予的回饋也可以幫助你評估自己花在學
習上的時間是否有效率，或你是否需要改變學習方
法。所以提取練習其實就是一種後設認知策略，可以
幫助你自評學習狀態。本書最後一章將會更深入討論
後設認知的重要性，以及其他後設認知學習策略。

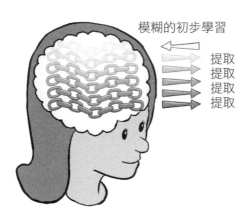

第一次學習某事物時，腦中會留下模糊的連結。愈常提取這些
連結，這些連結就會變得愈清楚。

主動學習法的一般原則

以下技巧可以幫助你主動學習。

● 自己想辦法解例題，不要看解答（如果寫到一半需要偷看解答，回頭重新再解一次）。

● 試著回想書籍、文章或報告中的重點。看向他處，回想重點概念。如果閱讀材料艱澀困難，最好每讀一頁就試著回想。

● 根據學習內容自己出題。

● 做練習題，最好依照實際考試時間計時解題。

● 想辦法換句話說，用簡單的話解釋筆記或教科書中的內容，想成是在跟小孩解釋。

● 找到學習同伴，一個人或一群人都可以——約個時間討論概念，做簡短教學，互相比較學習方法。

常見的字卡應用程式

● Anki
● Quizlet
● Goconqr
● Studystack
● Brainscape

- 製作字卡，手寫或使用 Anki 或 Quizlet 等應用程式皆可。

- 放聲思考給旁人聽，或是向他人解釋重點概念。

- 請學伴考你（用在朋友面前小考的壓力來模擬正式大小考時要面對的壓力）。

- 做練習考試，即便你還沒準備好考試的內容。（猜想答案是什麼，也被證實是很有效的一種後設學習模式）

- 自創練習考試。

- 試著在做瑣事（如洗碗或到公園遛狗）的時候回想重點概念。

自我挑戰，進步更快

學會某個主題後，練習的感覺會很好。但有時自我感覺太好，可能會陷入一種錯覺。你會開始複習舊的、較簡單的內容，而非深入鑽研難度較高的部分。

你會想複習欲精通外語中已經學會的舊詞彙，而非努力記住生詞；練習數據分析中較簡單的題目，而非往下解難度較高的題目；或是一首歌只唱會唱的部分，而非進一步練習尚未學會的困難橋段。

你可能會想，複習舊的、簡單的內容可以防止神經元連結萎縮。然而事實上，強迫自己更深入學習，就是在已習得的技能之上繼續堆加。換句話說，你在創造新的神經元連結時，同時也在複習舊有知識。

所以如果你想要在學習上突飛猛進，就需要在長期記憶中持續建立新的神經元連結，而非單純加強已建立的連結。換句話說，每天強迫自己學習更難的內容是很重要的。

如何學得更深入

要把困難的概念學好，光靠回想日期、定義和事實是不夠的。必須有夠深入的了解，才能在新的脈絡下解釋、統整、分析、應用習得之概念。單靠記憶是不夠的（不過記憶有時對我們很有幫助，第 5 章會提到）。要深入、透澈了解學習內容，關鍵是要主動把目前所學與你同時在學習的其他主題，或已經了解的主題做銜接。要盡可能把每一組神經元連結接在一起，這樣就可以形成一個學習的神經網絡。

● 闡釋

你可以主動思考或寫下、說出自己正在學習的內

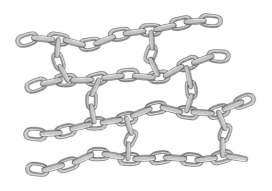

深入理解就是形成較長的神經元連結，每一組神經元連結彼此之間也有連結。

容，藉此擴展神經元網絡。這時運用「自我解釋」學習法，又稱「闡釋」學習法，會很有幫助。使用這種學習法的時候，你會主動想辦法用自己的話來解釋正在學習的內容。舉例來說，在解數學題目時，每一個步驟都停下來問問自己：「現在做這個步驟是為什麼？」然後想辦法解釋。某個實驗中，做邏輯推論題時能解釋自己步驟的學生，之後的考試正解率達到90％。實驗中沒辦法自我解釋步驟的學生，考試正解率只有 23％。你可以想像自己在教課，用這種方式解釋目前正在學習的概念。你的解釋不能和書中讀到的一樣，要盡量簡化、修飾，並自己舉例。

● 交錯學習

　　拓展神經元連結網的另一個關鍵技巧是交錯學習。交錯學習幫助你在學習新概念的同時，也了解概念之間的差異。交錯學習就是比較或統整不同的概念。交錯學習和「段落練習（blocked practice）」相反，段落練習是專注大量地練習單一概念，結束後再開始學下一個概念。

　　舉例來說，你想了解十位藝術家的風格。你可以坐下來先研究十幾幅第一位藝術家的畫作，接著再研究十幾幅第二位藝術家的畫作，以此類推。

　　你會很想把一位藝術家的作品放在一起研究，但你其實需要隨機交錯研究不同畫家的不同畫作。舉例來說，先看看馬內（Manet），再看梵谷（Van Gogh），接著看看高更（Gauguin）。這種學習方法看似混亂，實際上卻給你更多機會可以比較風格上的差異，幫助你更快速建立識別能力。一開始會很挫折，但只要持之以恆，你將會發現自己的學習速度變快了。

　　體育也是一樣。早期的教練會要自己的運動員用段落練習的方式來訓練體育技能。舉網球為例，練習正手拍是一個時間，結束後再練反手拍，接著再練習截擊。但是研究員發現，網球選手若可以在訓練時交錯練習不同技巧，練練正手、練練反手、練練截擊，

使用交錯學習法，練習選擇正確的神經元連結。

在比賽中的表現就會更為出色。畢竟網球要打得好，快速識別模式相當重要：要知道什麼時候該使用什麼技巧，以及如何立即切換技巧。交錯學習顛覆了以往運動員的訓練方式。

可惜的是，很少老師使用交錯學習法，教材也很少出現交錯學習法。舉例來說，當你在學習統計學各種不同的機率分佈時，教材上可能會有二項分佈練習題題組，一組十題，緊接著是幾何分佈練習題組，一組 10 題。每一種機率分佈你都練習到了，卻未能練習在兩種分佈間做切換。要交錯練習不同的主題和技巧，你得自己看著辦。有個辦法是自創練習題組，從不同的章節挑題目出來練習。另外一個方法是從拍下各章節出現的問題、藝術家、技巧等內容的照片，做成字卡，這樣便可以練習眼看題目，心想該用什麼技巧解題。

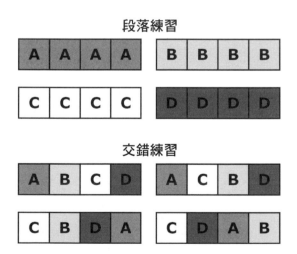

小心染上拖延病

你可能會以為，截止日逼近會產生壓力，拖到那時再學習便可以更專注、更有效率。壓力確實可以幫助我們更有效率完成較直觀的任務，但在學習上可能會造成大麻煩。如同前述，我們必須每天少量多次地學習，如此持續數日，才能建立起牢固的學習神經網絡。拖延學習就是阻礙自己進步。要給大腦足夠的時間學習新領域。記得，番茄鐘工作法最好用！

學習小祕訣——「流汗」的重要性

研究員很早就發現運動可以幫助我們學習並形成記憶。然而最近更有研究發現，運動之所以對學習大有助益，關鍵在於運動會使大腦釋放一種叫做腦源性神經滋養因子（brain derived neurotrophic factor，簡稱BDNF）的化學物質。腦源性神經滋養因子是一種可以促使神經元伸出樹突小刺的蛋白質。樹突小刺向外延伸，神經元之間要建立新連結就比較容易。光是單次運動就可以提升腦源性神經滋養因子的濃度，而固定的運動習慣更可以使濃度有顯著的提升。

　　究竟做多少運動才能幫助提升認知能力，目前未有標準，但是研究員確實發現運動量較大的學生學業表現較好。一項研究發現，做 20 分鐘高強度間歇訓練，一週 3 次、持續 6 週的大學生，記憶表現提升了20%。一項後設分析也發現，僅是單一次 20 分鐘的運動也可以立刻改善訊息處理能力、專注力，以及執

沒有腦源性神經滋養因子
的樹突

有腦源性神經滋養因子
的樹突

運動可以刺激大腦形成一種叫做腦源性神經滋養因子的蛋白質。當你把腦源性神經滋養因子「灑」在神經元上，如右上圖，樹突小刺就會長出來。腦源性神經滋養因子就是像是小刺的肥料！

行功能。這項研究還發現，若要在運動後立刻處理認知問題，輕度或中等強度的運動比較適合。然而如果運動完沒有馬上要處理認知問題，高強度的運動也有幫助。

美國官方的建議運動量是一次至少 30 分鐘的中強度運動，一週 5 天，也就是一週至少要運動 150 分鐘（能使心跳加速的運動都算中強度運動）。此外，每週至少要有 2 天從事能鍛鍊到所有主要肌群的肌力訓練。這兩種運動都可以提升腦源性神經滋養因子的濃度，也會啟動各種可以幫助學習的生理變化。

對於沒有時間、沒法上健身房或走出戶外的人，一天數次短時間的高強度運動對身體很好——對認知可能也頗有助益。一項研究發現先做幾組開合跳、深蹲、弓箭步來暖身，接著盡量以最快的速度爬完 60 格階梯（三層樓），一日 3 回，有氧適能便可以提升 5％。附帶一提，聽音樂可以減輕運動的痛苦。

加強認知功能的飲食習慣和保健食品

即便沒有相關研究背書，我們自然會想要試試新推出的新潮保健食品。拿人參和銀杏來說，目前都還未獲證實是有效的認知能力保健食品。然而確實有研究顯示，某些食物和飲食習慣對學習有微小的助益：

一、**咖啡因（咖啡、茶、瓜拿納巴西野茶〔guarana〕）**可以在 10 至 15 分鐘內幫助你集中精神。咖啡因的半衰期（攝取量的一半被身體代謝掉所花的時間）約 5 小時，所以在這段時間內，甚至是超過了這段時間，體內的咖啡因都還有提神效果，不過每個人的代謝速度有所不同。咖啡因也有缺點，靠近睡眠時間攝取過多會影響睡眠，而睡眠不足又會影響學習。

二、**碳水化合物**：甜甜圈或是咖啡中少量的糖，這類碳水化合物在攝取後 15 分鐘內就可以稍微幫助提升認知能力。這是因為碳水化合物會轉換成葡萄糖，葡萄糖是大腦的燃料。但是要小心，碳水化合物攝取過量會令人想睡（只要是飲食過量都會破壞認知訊息傳導路徑）。

三、**間歇性斷食**：一週 2 天，每日攝取熱量控制在大約 500 大卡，對認知能力的提升可能也有點幫助。

四、**類黃酮（可可、綠茶、咖哩粉〔薑黃素〕）** 可以改善專司學習與記憶的分子結構，但是要持續食用 6 個月左右才能看見效果。

有趣的是，同時攝取咖啡因和碳水化合物效果會加乘，對認知造成的影響比單獨攝取更大。同樣，健康的飲食習慣搭配運動，比起單控制飲食或是只靠運動更能有效加強認知能力。飲食中別少了洋蔥、包心菜這類的蔬菜、一把堅果、微甜黑巧克力，以及各種顏色的新鮮水果。要維持長期的身體健康，最好避免加工食品（考前吃甜甜圈還是先不要）。

使用藥物或電流刺激／
磁刺激來加強認知能力

有個前景看好的學術領域在研究如何用藥物來使人變得更聰明，並指出人類年輕時大腦可塑性較高，學習起來會更輕鬆。這些藥被泛稱為「聰明藥」，宣稱能夠重啟大腦，讓大腦在短期內變得更具可塑性。但是該領域的研究還在相當初步的階段，目前最好都不要使用！

有些學生可能認為安非他命或莫達非尼（modafinil）這類刺激性藥物可以幫助學習，但是這些藥物可能不如潛在使用者想得有效——何況這類藥物還有副作用，最後也可能有成癮的危險。

可以自行操作的非侵入性[5] 大腦電流刺激或磁刺激似乎安全又有效——前提是你信任販售這些儀器的廠商。事實上，這種大腦刺激器材對認知帶來的好處若真有其事也是微乎其微，事前準備工作又相當耗時，就連腦神經科學家自己都懶得使用，何況還有安全上的疑慮，使用者通常用不了多久就放棄了。

想不到吧？睡覺時真的可以學習！

學習就是把樹突小刺和鄰近的軸突接在一起，在長期記憶中形成神經元連結。有趣的是，雖然樹突在開始學習的時候就會發芽，卻是在睡覺的時候才會與軸突產生連結。這和休息的時候才會長肌肉是類似的道理。這就是為什麼學習了一整天之後，最好睡滿 8 小時。

這也是之所以**學習間隔**如此重要。一天讀滿 10 小時的學習效率遠不如把 10 小時分攤在 10 天。這是因為，

理想的學習間隔
學習間隔的黃金法則是等到幾乎快忘記所學內容時，再回頭繼續學習該主題。

5　「非侵入性」一詞可能會使人產生誤解。雖然沒有把探針插入腦袋或手術植入裝置，還是要把電流或磁場植入腦內。

雖然卯起來猛讀可以替神經元建立初步連結，卻沒有足夠的時間把這些連結移至長期記憶，連結要在長期記憶中才有辦法扎根、強化。結果會怎樣呢？結果就是這些不牢固的連結會很快就被遺忘。這和體育練習頗為類似。沒有教練會說：「來！今天練習 10 小時，週末直接比賽！」

　　睡覺之所以重要還有另一個原因。白天時，努力學習的大腦會產生代謝物，代謝物是有毒物質。一天下來，代謝物會累積在大腦，沒有辦法洗掉，因為腦細胞就像巨石，會堵住水流。但是人在進入睡眠狀態時，腦細胞會縮小。賓果！這下沖洗代謝物的水流可以通過了。有毒物質被清掉的大腦神清氣爽，可以繼續學習新事物。

　　這也解釋了為什麼小睡有助學習。一項針對新加坡學生做的研究發現，如果受試學生在白天睡 1.5

常見的「待辦事項」應用程式

- Todoist
- Trello
- Any.do

小時的午覺，把晚上的睡眠時間減少 1.5 小時，下午精神會更好，學習狀態也更好。睡眠研究員建議一天睡 8 小時（包含睡著前的時間），所以一定要睡足 8 小時。（只有極少數的人有「不用睡太多」的特殊基因──有這種基因的人晚上通常只需要 4 至6 小時的睡眠。你有這個基因的機率不大──尤其如果你是睡眠不足就會感覺疲累的人。）

如何快速進入睡眠狀態

早在第二次世界大戰之時，承受極大壓力的飛行員就學會了自行催眠法，只要大約 2 分鐘就可以入眠──以下訣竅可以幫助你達到相同目標。首先，在你開始放鬆、準備睡覺時，先花個幾分鐘寫下隔天的**「待辦事項」**，這樣可以清理思緒。睡前也要避免手機、電腦或是電視螢幕的強光，可以到功能設定把裝置切換成夜間模式。如果睡覺時房間內有光，睡眠用眼罩會有很大的幫助。可以的話，把室溫調整至大約攝氏 18 度。務必把手機放在其他房間。記得，白天做某些運動（不可以在睡前做）會幫助你在晚上更放鬆、更好眠。也有研究顯示，具有一定重量的棉被，能讓人的睡眠品質更優良。

　　最後，躺好之後，進行下列步驟。

　　一、從「靜」字開始。讓靜字變成開啟放鬆模式的關鍵字。

　　二、**閉上眼睛，有意識地放鬆身上所有肌肉**。從眉毛開始，我們的眉宇之間常不自覺地緊繃。眼周許多肌肉可能也相當緊繃——好好放鬆一下。

　　三、**規律深呼吸**。讓你的下巴，甚至你的舌頭和嘴唇，完全放鬆下來。

　　四、**肩膀通常是最緊繃的地方——舒展開來**。想像你的胸口是一隻放鬆的水母。

　　五、**放鬆手臂每一處的肌肉——從上手臂到下手臂、從左手到右手。接著是大腿和小腿肌肉——由左至右**。感受放鬆的感覺。

六、放鬆身體肌肉之後，試著在腦中專注於某個東西。好比天空中一朵靜止的雲。切勿想像自己在動——你愈想像自己在動，就會愈來愈清醒。也可以想像有個空白螢幕，讓想像力在螢幕上馳騁，讓如夢似幻的畫面慢慢浮出。

七、放下擔心和憂慮——放空，腦筋不要想著這些事。有些睡眠高手會規定自己在晚上 10 點（或你上床睡覺的時間）到早上 5 點半之前不准思考，反正早上 5 點半之前也解決不了什麼人生難題。如果你因為擔心某事而在不該起床的時間醒來，提醒自己現在不該擔心，啟動自己腦中的蜂鳴器來阻斷自己的思緒。

藉著練習（記住，練習是學習的關鍵！），你應該也可以使用這些步驟快速入眠，並且一夜好眠。如果半夜醒來，切勿想東想西，回頭再走一次放鬆步驟即可。

＊　＊　＊

　　要深入學好任何一個領域都是個大挑戰──但是
這項挑戰有一部分期時在於了解自己的學習模式並持
之以恆。下一章我們就要來解決這個問題。

POINT

本章提到的 PRO 考試秘技一覽

⑨ 練習主動回想與闡述

⑩ 使用交錯學習法與間隔學習法

⑪ 讓自己習慣挑戰更難的內容

⑫ 維持睡眠與運動充足

本章重點概念彙整

- **學習就是連結大腦中的神經元**

  要讓學習效果更深入、持久，就要勤加練習，

  加強神經元連結。

- **針對教材做主動學習**

  替神經元建立初步連結，運用**提取練習法**：

．

- 自己想辦法解題──盡量不要看解答。
- 自我測驗。
- 試著回想文中的重點概念。
- 用淺白的方式解釋重點概念給自己，或給別人聽。
- 找一個人或幾個對該主題也有興趣的人一起學習。
- 自製教材（字卡、學習指南等），可以處理習得的資訊，把這些資訊整理成不同形式。

● **把學習拆分成數段**

分散至好幾天，避免一次性的長時間學習。

● **自我挑戰，進步更快**

學習變得愈來愈輕鬆的時候，可以開始提高難度。

- **要把困難的概念學好，就需要主動把學習內容和其他正在學的內容或已知觀念連結起來**

  闡釋或是交錯學習都是連結的好方法。

- **學習不可拖延**

  大腦要花好幾天才能建立牢固的學習神經元網絡。使用番茄鐘工作法會很有幫助。

- **保持持續運動的習慣**

  研究證實運動可以幫助神經元更快形成連結。

- **謹慎攝取可以加強認知能力的食品，例如咖啡、茶**

  同時也要有健康的飲食習慣，這樣就可以改善學習能力。

- **保持睡眠充足**

  睡眠時間就是神經元網絡成長的時間。把學習內容分散至數日，中間就會有更多的睡眠時間，如此便可以強化學習。

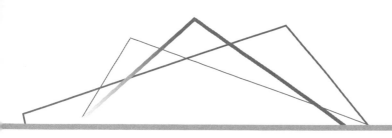

第 *4* 章

善用工作記憶，
加強筆記技巧

天才數學家馮紐曼（John von Neumann）以心算極為複雜的數學習題聞名。年僅 6 歲時，他就能解開 8 位數的複雜除法。有次他看見母親盯著遠方發呆，還天真地問：「妳在算什麼？」

馮紐曼可以在腦海中演算超難的題目，是因為他有超強的工作記憶——工作記憶是大腦用來保存、處理資訊的暫存區[6]。而工作記憶通常包含短期記憶以及處理能力，也就是認知這些訊息的能力。所以如果你把人名「Wanda」和「wand」（魔杖）聯想在一起，在腦海中想像一根魔杖在 Wanda 頭上揮舞的景象，這就是在使用工作記憶。工作記憶在學習中扮演著重要角色。我們用工作記憶來解決問題，也用工作記憶來理解學習材料——工作記憶是把訊息存放至長期記憶的前哨站。

重點概念

大腦有兩種不同記憶形式：工作記憶用來暫存資訊，而長期記憶可以更永久地保存資訊。唯有當資訊從工作記憶移至長期記憶，才算是真正的學習。

本章的開始我們會先快速介紹工作記憶。再來我們會討論整理、儲存、複習重點概念最有效的方法：做筆記。根據你的工作記憶的容量不同，你可以採取不同的學習法以及筆記法。

工作記憶──騙術界的大師

你可以把工作記憶想成「注意力章魚哥」。當你專注在某件事情上的時候，注意力章魚哥就會用他的手臂替你連結思緒。舉例來說，章魚哥的觸手可以伸到長期記憶中，把你的眼睛和耳朵當下接收到的訊息與長期記憶中的神經元連結在一起。

一般來說，工作記憶一次可以暫存 3 至 4 組想法或概念──換句話說，你的注意力章魚有 3 至 4 隻手

6　一般把短期記憶看作大腦用來暫存訊息的區塊。舉例來說，你聽到了某個人的名字，這個資訊就會被存在短期記憶中（只有暫時！）

臂。但是每個人工作記憶的容量不太一樣，有些人一次可以暫存 5 組以上的資訊，有些人卻只能暫存 2 至 3 組資訊。

　　工作記憶的觸手很滑──也就是說，章魚哥能抓住訊息的時間很短。例如你修了一堂演講課，老師要你做 2 分鐘的即席演講，講題是「令人尷尬的時刻」。

　　這時你的工作記憶開始運作了。注意力章魚哥一隻觸手拿著講題，靜靜地重複著「尷尬」一詞，這樣

工作記憶一次只能在腦中暫存大約 4 組訊息。思緒太多工作記憶就會超載，訊息和思緒可能會掉出工作記憶。

你才不會忘記講題。聽眾帶給你的緊張感佔據了章魚哥的另一隻觸手。你又派章魚哥的第 3 隻觸手到長期記憶搜索令你尷尬的時刻。章魚哥找到了你第一次晚餐約會時把飲料灑在對方身上的記憶。這組記憶的連結很清處——於是你開始講起那晚的故事。這時你不需要用一隻觸手提醒自己講題了，所以你讓這隻觸手去抓過去練習時建立的連結，例如眼睛要看觀眾、要微笑、要有手勢。

長期記憶中的神經元連結可以加強工作記憶的表現

第 3 章提過，只要你在認真學習，就是在長期記憶中建立神經元連結。你的注意力章魚哥（工作記憶）會在你需要想起或是使用某些概念時，抓住這些神經元連結。工作記憶提取的神經元連結可以幫助你使用 Excel 快速建立樞紐分析表、用剛學會的外語說出一個完整的句子，或是解決電路分析中複雜的問題，哪怕這些任務起初看似難如登天。

　　舉個簡單的小例子。如果給你一組你此生可能從沒看過字母組合：「aueiutfbl」，要用工作記憶記住所有字母會很困難。但是如果給你「beautiful」（美麗）這個常見的詞彙，其中出現的字母跟第一個的字母組一模一樣，只是以你學過的形式重新排列，就很容易在工作記憶中把這個詞變成單一組資訊。

長期記憶可以儲存的神經元連結數量基本上無上限。但是專注力章魚哥觸手可以抓住的資訊，也就是你可以提取至當下注意力的資訊卻很有限。神經元連結組是「預先準備好」的觸手延伸─這些連結可以幫助你提升工作記憶的表現。

　　換句話說，熟悉的主題間彼此建立起連結，就可以更有效地在工作記憶中一次暫存更多資訊，因為這樣章魚哥的每隻觸手都可以抓住一組習得的資訊。

把工作記憶發揮到極致

　　如果在學習時感覺理解困難，有可能是因為工作記憶超載了——工作記憶無法一次掌握所有難解的資訊。這時應該這麼做：

● 簡化

　　學習的時候試著簡化重點概念，其實重點概念常常出乎意料地簡單。不要在枝微末節上鑽牛角尖。你可能也需要簡化別人的解釋，因為很多人的簡化能力並不是太好。（你可以參考知識型 YouTuber 所製作的影片，他們化繁為簡的能力都很優秀。）

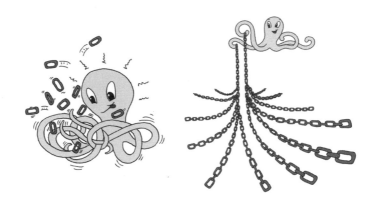

工作記憶可能要經過一番努力才能在長期記憶中建立神經元連結，供日後快速提取，以解決問題並理解概念。

● 把學習材料拆解成小單位

　　想辦法把學習內容拆解成小單位。試著專注在基礎概念上。

　　接著，把小單位的概念放在一起，形成神經元連結組。舉例來說，假設你想要了解物理學教科書中某個困難的段落，先選書中最簡單的例題，靠自己的能力解答，非必要不偷看答案。完成後再做下一個例題，一題接著一題解，慢慢增加難度。這個過程會把基礎概念的連結組植入長期記憶中——在你往下深入學習時，其他連結就會再與基礎概念的連結接在一起。記得，若是感覺卡關，休息一下或是藉著晚上的睡眠時間來啟動發散模式，讓發散模式在背景運作。

　　學習外語時若感覺吃力，可以試著一次專心學習某個小單位——比如幾個生字，之後再用這些生字組成句子。學習會計時，先專注理解損益表，之後再進入資產負債表和現金流量表。練習樂器演奏時，試著先把小段落分別練熟後，再串起來完成整首樂曲。學空手道時，教練會要你反覆練習各種不同的小動作，最後再把這些小動作連在一起，變成順暢的迴旋踢。

● 把概念轉譯成好懂的語言

　　另外一個可以幫助減輕工作記憶負擔的祕訣，就是把聽起來很厲害的技術詞彙轉換成好懂的語言。例如，「力矩」在某些特定狀況下，或許可以翻譯成

「扭轉」。或是你也可以試著眼耳同步，邊看邊聽解釋。這種作法有助理解，這也是為什麼影片教學通常比指導手冊好吸收。

　　從廣義的角度來看，這個挑戰就是把正在學習的內容和習得知識或熟悉的主題接上線。

A. 一次接收太多資訊可能會給注意力章魚哥太大的負擔——這就叫做「認知負荷超」。

B. 想辦法把訊息放在一起形成小單元（連結組），讓章魚哥可以慢慢把這些小單元湊在一起。

C. 最後你就可以把這些單元連結組勾在一起，形成較大規模的整體概念連結。

● 學習任務單

　　學習的時候，盡量把與學習目標沒有直接關聯的想法從工作記憶中清掉。寫張學習任務單也許會有幫助。這樣可以把想法從稍縱即逝的工作記憶中移到更安全的地方。與其試著記下 10 幾項學習任務，其實你只需要記得你有張任務單就可以了。

● 寫在紙上

　　把關鍵字、數字或是公式寫在紙上，這張紙就成了工作記憶的延伸區域。把這類資訊暫存於紙，可以釋放工作記憶的空間，把這些空間用在其他事情上。

如何寫好筆記

　　從書籍、影片或是課堂中讀到或聽到的資訊會進入工作記憶。但是這些資訊幾秒之後就會消失，除非你刻意努力把這些資訊放到長期記憶中。這就是為什麼筆記的力量這麼強大──筆記可以幫助你處理、整理資訊、做摘要，把這些訊息記錄下來待日後複習、練習時，在長期記憶中創造神經元連結組。這裡於是出現了一個很重要的問題──要如何做好筆記呢？

● 準備工作

　　如果你要寫某個章節或是某篇文章的筆記，可以先大致了解文字架構──在第 9 章我們也會談到，就算只是花個 1～2 分鐘找粗體字或是圖片和圖說也頗有幫助。如果是要做課堂筆記，要在上課前先讀過相關閱讀資料或是指定閱讀材料，至少要先快速瀏覽。如果是看影片學習，影片有時會附帶字幕（或隱藏字幕）的文字檔，你可以在看影片之前先大致瀏覽。這樣的準備工作可以提供你一個架構，幫助你寫筆記時可以寫得更好、更有系統。

● 重點摘錄與整理

　　不論筆記是來自書籍、影片、課堂或是訓練，要寫好筆記，就需要大腦聚精會神，這樣才能在筆記中去蕪存菁。最新的研究指出，打字和手寫都是有效的筆記法。所以，到底要如何做好筆記呢？以下推薦兩種方法：

一、分割筆記法

　　開始做筆記前，先在筆記紙左側 1/3 處畫一條垂直線，如圖所示。接著，試著在直線右側寫下重點概念（不是一字一不漏的逐字稿）。使用縮讀字，省略大腦可以自動帶入的詞彙如冠詞、比較詞或連接詞。善用符號（→ + = ≠ # Δ）與縮寫（e.g., etc.）──盡可能用上所有可以讓筆記速度變快又不漏記的方法。接下來，可以一邊筆記一邊在左欄寫下重點摘要，或全部寫完再開始摘要也行。

　　日後複習筆記時，蓋住右欄，考考自己是否能看著關鍵字想起詳細的解釋。

　　如果某個概念感覺特別重要，或是有可能會出現在考題中，可用星號標註。

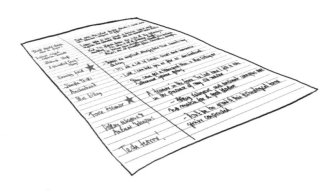

分割筆記範例：在右欄寫下筆記，接著再於左欄補充關鍵字或是小標。

二、概念地圖

　　概念地圖是一種訊息整理法，透過概念地圖可以看出想法與概念之間的關聯。概念地圖可以用來做腦力激盪（做專案的準備階段就會用到），也可以做成筆記。概念地圖的做法是，寫下一些概念，用箭頭連接這些概念，以表示概念間的關係。

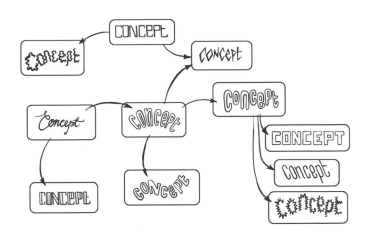

概念地圖範例：將不同的概念用地圖方式串聯。

● 複習

　　筆記最重要的功能就是讓你在一天結束前做複習。就算已經很累了，建議還是花個幾分鐘想想重點概念（不要只是隨便瀏覽筆記）能做到提取練習的有效複習，對建立超級重要的神經元連結會非常有幫助──複習筆記的時間甚至比做筆記的時間還要關鍵。舉例來說，有項研究發現不使用筆記的回想練習對記憶和理解產生的助益，比單畫概念地圖卻不做回想練習來得大。另一項針對醫學院學生做的研究也發現：幾乎所有成績 A 的學生都會在上課當日複習課程內容，而成績 C 的學生幾乎不曾當日複習。

　　複習分割筆記的時候，用左欄的內容來考自己右欄中完整的資訊。

　　有時你可能會想要光靠重看課程影片來熟悉學習內容。但是研究發現，光是再次觀看課程影片，卻未能統整、內化重要概念的人表現並不出色。考試前完全沒有複習筆記的學生表現最差。

常見的筆記應用程式

- Evernote
- OneNote
- Coggle（概念地圖程式）
- SimpleMind（概念地圖程式）筆記整理裝置
- Livescribe 數位紙筆（點擊錄音當下做的筆記便可以播放該錄音檔）

綜上，請記得重點不在於做筆記，而在於你的大腦究竟吸收了哪些內容。

筆記若不能變成學習工具，再優秀的筆記內容也無用。

● 找伴一起做筆記

做筆記之所以重要，是因為筆記過程可以幫助你聚精會神，特別是在課程中或參加工作坊的時候。但對某些人來說，一邊聽老師講課一邊做筆記似乎有點難度——這可能會對他們的工作記憶造成過大的負擔。若是如此，向人借筆記是個好方法，也可以使用共享文件來與他人協作筆記。這樣你們就可以互相幫助，截長補短。研究顯示，考前用其他學生筆記複習的學生，考試表現和自己做筆記的學生不分上下。

＊　＊　＊

本章中，我們探討了發揮工作記憶的方法，幫助你了解學習、持續學習。下一章我們要更深入探討記憶與內化的技巧。

本章提到的 PRO 考試秘技一覽

⑬ 拆解學習內容，用白話文再表達一次

⑭ 用「待辦事項」清單減輕工作負擔

⑮ 當天就複習當日筆記

本章重點概念彙整

- **工作記憶是想法和資訊的暫存區**

  當你把某個訊息放到工作記憶中時，會產生學會的錯覺。但是事實上一個想法、概念或技巧必須在長期記憶中根深蒂固，才算真正學會。

- **腦中一次只能暫存 3 至 4 組資訊，因為工作記憶的「觸手」有限**
  如果工作記憶因為暫存太多資訊而超載，可以把學習內容拆解成小單位。

- **在新知識與已熟悉的主題之間建立記憶關聯**
  長期記憶中的神經元連結可以加強工作記憶的表現。

- **如何把有限的工作記憶發揮到極致**
  - ・把學習內容拆解成小單元。
  - ・把正在學習的內容翻譯成較淺白的用語。
  - ・製作學習任務單，騰出工作記憶的空間。
  - ・把想法寫在紙上，作為工作記憶的延伸區域。

- **如何做好筆記**

  ・運用分割筆記或概念地圖。

  ・做筆記的當天就要做第一次筆記複習。

  ・一定要運用筆記做練習，試著回想筆記上的
  重點概念。

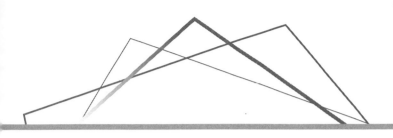

第章

強化記憶力

記住 52 張亂序的撲克牌要花多少時間呢？來自美國密西西比州（Mississippi）的醫學院學生艾力克斯·木蘭（Alex Mullen）找到了不到 19 秒就可以記下整組牌序的方法。我們可能會認為木蘭就是個天才，但是根據木蘭本人的說法，他的大腦沒什麼特別之處。只要使用超強記憶法，所有人都可以學會更輕鬆、更快速地記住資訊。

這是何苦？把資訊存入記憶有什麼好處

在這個資訊唾手可得的世界，你可能會想：我有必要記住什麼東西嗎？答案是，有必要。大腦若存有重要資訊，可以省去很多時間。何況在大考、面試、社交互動時，怎麼可能一直讓你查資料。不過最重要的原因也許是，某些記憶過程是理解訊息並解決複雜問題的必要條件。

基本上，不管是要學習外語，了解全球化帶來的影響，或是解開複雜的天文物理問題，若不能記住並內化某些概念，是很難有所進展的。你必須要有從腦中輕鬆快速提取資訊和步驟的能力——也就是說，長期記憶中，重要資訊的神經元連結要很牢固。若能建立這些神經元連結，就能釋放工作記憶的空間，也就有能力進行較高階的思考。

舉例來說，你在考試中碰到一道題目，要你「比較法國革命與俄國革命的異同」。這個問題需要用到高階思考——不只是單純的事實重述。但是如果你的長期記憶中並未深植法國革命和俄國革命的重點概念，例如革命時間表、涉及的主要議題以及兩國人民不同的需求這些看似微不足道的知識，那要怎麼開始作答呢？

學化學時，若能記住不同酸性物質的化學式，就能更快了解這些酸性物質的特性。學物理時，背下伯努利（Bernoulli）或帕松（Poisson）方程式，

重點概念

記住關鍵資訊可以讓大腦有餘裕理解更複雜的概念，解決進階的問題。

可以幫助你了解方程式的關聯。記憶和理解的關係是雙向的：**若能徹底理解資訊，記憶就會比較輕鬆，當然要理解大腦已經記住的資訊確實也比較簡單。**

記憶的訣竅

效率最差的記憶法就是反覆閱讀資訊。至少要使用回憶技巧——試著從記憶中提取資訊——在幾天的時間中，練習數次。但是其實還有更聰明的記憶方式，稱為「記憶術」的記憶小訣竅可以幫助你記得更快。

就算使用記憶祕訣還是需要一定程度的反覆練習，但是花的時間比不得要領少。**記憶祕訣不僅可以加速記憶，還可以讓記憶「更持久」。也就是說，這些記憶會留在長期記憶中，在你需要使用這些資訊的時候，更容易提取到運作中的工作記憶。**

語言輔助法

以下為幾種證實有效的語言輔助記憶法：

● 縮寫記憶法

扭到腳踝時，醫生通常會建議你要「Rest（休息）、Ice（冰敷）、Compression（包紮加壓）、Elevation（抬高）」，然後跟你說記住縮寫「RICE」（米）就知道該怎麼做。

幾乎所有列表都可以使用這個技巧幫助記憶。只要取待記項目的第一個英文字母，重新排列組合，試著拼湊出一個有意義的字詞。舉例來說，希臘最偉大的三位哲學家分別是 Socrates（蘇格拉底）、Plato（柏拉圖），和 Aristotle（亞理斯多德），各取他們名字第一個字母的縮寫就是「SPA」（水療）。

● 造句記憶法

　　如果無法用待記項目排成好記的縮寫，可以用與項目有關的字詞造個有趣的句子。「My Very Educated Mother Just Served Us Noodles（我教育程度很高的母親剛替我們送了麵）。」這個句子可以用來代表行星次序：水星（Mercury）、金星（Venus）、地球（Earth）、火星（Mars）、木星（Jupiter）、土星（Saturn）、天王星（Uranus）和海王星（Neptune）。記憶數字時也可以使用造句記憶法。「How I wish I could calculate Pi（多希望我知道怎麼計算圓周率）」這個句子可以幫助你記住圓周率小數點後 7 位數，因為每個字的字母數可以對應至 3.1415192。

重點概念

記憶技巧並非萬用。當你必須記住某個內容的時候，先快速想想有哪些不同的記憶技巧，再選出最適合的方法。

視覺輔助法

你有沒有發現記長相比記人名容易呢？人腦是個很依賴視覺的器官——皮質層大半與視覺處理功能有關，只有不到 10％ 是聽覺處理區塊。也就是說，人腦有很強的視覺記憶。愛荷華大學（University of Iowa）一項研究讓一組受試者看了 2560 張圖片。幾天後，研究員再給這組人看當初看過的一些圖片，但是其中參雜了許多新的圖片。研究員請受試者從新圖庫中指認第一次看過的 2560 張圖像，受試者平均可以認出 90％。

● 鮮活的畫面

最簡單的視覺記憶法就是把待記概念圖像化。畫面愈誇張、愈有趣、愈鮮活，就愈能牢記。

　　加入一些動態元素也很有幫助——像是把畫面變成動態小短片。好比你想記住人類登入月球是發生在 1969 年，可以想像一顆長得像太極符號的月球（太極符號的形狀很像數字 69）。聲音或情緒元素有時也能使畫面更鮮活。舉例來說，你可以想像太極月亮一邊轉動一邊發出咻咻聲。

● 記憶宮殿

　　來自密西西比州的醫學院學生艾力克斯·木蘭在 19 秒內背下整副牌的順序，創下世界紀錄。他在記憶牌序時，使用了最古老、最廣為人知的視覺記憶法：記憶宮殿——進階版。

　　記憶宮殿又叫「位置記憶法」（the Method of Loci），你可以運用這種方法替每一項待記概念創造一個畫面，再把這些畫面置入實際場域，通是建築內部空間——記憶「宮殿」因而得名。

　　假使你想記住元素週期表的頭五個元素。運用記憶宮殿法，首先你要先替每一個元素創造一個畫面。
方法如下：

- 氫（hydrogen）：消防栓（fire hydrant，取英文諧音）
- 氦：（氦氣）氣球
- 鋰：（鋰）電池
- 鈹（beryllium）：草莓（strawberry，取英文諧音）
- 硼（boron）：野豬（boar，取英文諧音）

你應該已經發現，某些元素我們遠用該元素聯會聯想到的畫面，例如鋰就是鋰「電池」。至於其他元素，我們用諧音提示來創造畫面，例如「鈹」和「草莓」。

　　第二步是要把這些畫面放置在你熟悉的場域，例如你的辦公室、你家，或朋友的公寓、你家那條街或是你最愛的公園。以下舉你家為例，我們來實際走一遭。從大門口開始，我們把消防栓放在門外（代表氫）──這支消防栓正在漏水，弄得一團亂。接下來，你走到廚房發現廚房天花板上有顆氦氣球（代表氦）。你走進客廳，客廳桌上放著一顆電池（鋰）。你又從客廳走到浴室，浴室裡都是草莓（鈹），你踩在草莓上，擠得到處都是草莓醬。最後你走到臥房，發現有隻野豬（硼）在臥房失控亂竄，場面相當驚悚。

　　設定好你的記憶宮殿之後，還需要在記憶宮殿來回走幾遭，把待記內容視覺化，反覆練習數次。第一次使用這種記憶法可能很難想出什麼畫面──但是熟能生巧，任何學習方式都是這樣。

　　不論使用哪一種記憶法，記得要花個幾天主動自我測試，這樣才能強化神經元連結。

● 譬喻法

使用已知現象來解釋或理解新概念就是使用譬喻法[7]。我們在本書中多次使用譬喻，例如用「連結組」來解釋學習時神經元如何建立牢固的連結；或是用「無人機」來解釋發散模式。

譬喻法是用來簡化、理解某主題核心概念的好方法。好比寫程式的人會說堆疊（stack）、佇列（queue）或樹（tree）。生物學會用電池來比喻粒腺體。文學鉅作中也充滿了譬喻。

完美譬喻並不存在，你的譬喻一定會有某些部分與指涉概念有出入。舉例來說，無人機需要定時充電才能繼續飛行，但是發散模式不需要充電（不過如果睡覺算充電的話，好吧）。關鍵並不在於找出完美譬喻，而是找到可以解釋待理解的核心概念的譬喻。舉

7　嚴格說來，譬喻和明喻、類比有些不同，書中暫且使用譬喻一詞。

無人機的例子來說，我們想要強調的是發散模式可以讓想法輕鬆地從一處飛到另一處，就像無人機一樣。

　　要生出譬喻，只要自問：「這讓我想起什麼，或很像什麼？」試著把概念解釋給朋友聽。要生出好的譬喻可能會歷經幾次失敗，但沒關係。找出譬喻瑕疵的時間其實就是在思考困難的概念，可以加深理解。

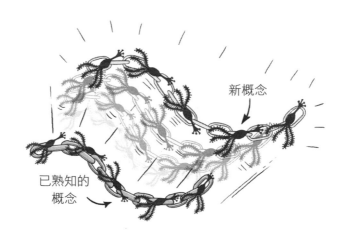

新概念

已熟知的
概念

譬喻是運用已知觀念（例如海綿）的連結組來加速建立新概念（濕地）的連結組。這種方法和腦神經科學中的「神經再利用理論」（neural reuse）有關，藉著再次利用某概念的神經元連結組來幫助你理解另一個概念。

* 　 * 　 *

　　再回頭談醫學院學生艾力克斯・木蘭。木蘭創下了記憶的世界紀錄，但他自稱他的大腦並無特別之處。木蘭的故事讓我們看見曙光，我們不僅可以加強記憶能力，更有可能改善自律能力。下一章我們就要來討論自律。

本章提到的 PRO 考試秘技一覽

⑯ 使用縮寫、圖像、記憶宮殿來加速記憶
⑰ 運用譬喻法來理解全新概念

本章重點概念彙整

- **記憶與理解息息相關**

  大腦若能輕鬆提取記住的關鍵資訊，就會更有餘裕、更輕鬆處理層次較高的概念。這樣你就可以開始在腦中替正在學習的內容建立模式。

- **要記住資訊，可以用主動回想法（提取練習）考考自己，把練習時間隔開，分散在數日**

  可以試著用以下訣竅來加速記憶：

・縮寫記憶法

・造句記憶法

・鮮活的畫面

・記憶宮殿.

● **譬喻是幫助快速理解新概念的有效工具**

譬喻是運用已知觀念的連結組來加速建立新概念的連結組。完美譬喻並不存在，找出譬喻瑕疵的時間其實就是在思考困難的概念，可以加深理解。

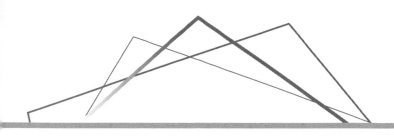

第 **6** 章

把學習內容內化為直覺，
想得更快

　　打電玩一整天有什麼好處？對於電玩界網紅理察・泰勒・布萊文斯來說，絕對好處多多。布萊文斯在電玩界的暱稱為「Ninja」，是世界知名的電玩達人，「打電玩」對他來說是一份正當的全職工作，一年收入（來自訂閱者和贊助商）約達 2000 萬美金。布萊文斯每天花在電玩上的時間是 10～12 個小時，並用實況轉播的方式和他的訂閱者分享。

　　目前為止本書介紹了各種學習書籍、影片、演講上的知識的技巧，但如果你想成為像布萊文斯這樣的電玩達人，或是同樣需要敏銳直覺或臨場應變能力的專家，例如頂尖賽車手、口譯人員、作家、作曲家等等，又該怎麼「學」才對呢？我們都知道神經元之間的連結能夠幫助我們有效學習，但這些都不足以讓我們成為某個領域的頂尖專家。

　　這一章將教你使用「程序性學習系統」強化、拓展你的所知所學。這個系統是你大腦當中最強而有力也最神祕的功能，而你幾乎不會意識到它的運作。

陳述性學習與程序性學習

從先前的章節中，你已經明白：當你在學習的時候，你的大腦會將神經元連結儲存在長期記憶中。但是，我們忽略了一個重點：大腦其實可以使用兩種完全不同的方式來存放這些連結。其中一種方式是使用相對能快速學習的「陳述性學習系統」。該系統與工作記憶緊密集成，因此您大多數時候都知道自己在學習什麼（換句話說，你有辦法「陳述」它）。到目前為止，我們在本書中學到的大多數內存技術，都屬於陳述性學習。

然而，其實還有另一個重要的學習系統尚未提及，那就是「程序性學習系統」。當大腦使用程序性學習系統來存放神經元連結時，這些連結的存放位置會與陳述性學習系統使用的存放位置不同。如果你已經先使用陳述性系統學習了一些東西，然後又使用程序性系統建立了基礎，那麼對於所學的內容，您將擁有更加豐富和深入的神經元連結（反之亦然）。這就像用一隻腳單腳站立之後，再邁開另一隻腳站好，最終雙腳並立於地面上，自然不易跌倒。

　　舉例來說，你正在學習網球發球。剛開始時，你會將注意力集中在球上，有意識地盯著球，這時你正在使用陳述性學習系統進行學習。當你第一次發球時，你的大腦會從陳述性記憶中搜尋發球的簡單步驟，通常這會讓最初的發球結果相當糟糕。

　　但是經過大量練習，發球這個動作會成為自動程序。這是因為：練習的動作會允許你在長期記憶的「程序區域」中置入「如何發球」的相關記憶連結，並加以強化。當程序區域的連結變得牢固時，你的發球就會變得順暢自然。

　　一旦你有意識地決定發球，陳述性系統啟動，工作記憶啟動，你就會開始移動手臂。接著，程序性系統啟動，身體會進行一連串動作讓球順利發出去。陳述性系統和程序性系統共同合作，打造出漂亮的一記發球。

　　數十年來，研究一直認為「程序性學習」僅涉及運動技能，例如網球發球、踢足球、彈鋼琴或電腦鍵盤打字。接著研究人員：程序性系統也與我們的「習慣」密切相關，例如在早上穿襯衫之前先穿上褲子，或者在向某人打招呼時點頭致意。

而研究人員近年發現：程序性系統和陳述性系統可以在多數的學習環境下協同工作，包括寫作，語言，數學，音樂，當然還包括電玩。

當你完成程序性學習後，基本上你不會知道自己是何時通過程序性系統進行並完成學習的[8]。

程序性系統是就像是一個黑盒子：你看不到內部發生了什麼。程序性系統可以從你的工作記憶中接收新資訊（例如：當你決定發球時），也可以從您的感知中接收新資訊（例如：當在騎腳踏車時看到地上有

8　這就是為什麼一旦你習慣了你的通勤路線後，你開始可以一邊想事情一邊回家，開啟身體的「自動導航」模式，甚至不會注意到自己現在走到哪兒／開車到哪兒。這是因為你先使用「陳述性系統」學習通勤的路線，然而一旦累積了足夠的練習次數，你的程序性系統開始接管工作，能讓你在沒有明確意識的情況下完成通勤。

個大坑洞）。但是你不會知道黑盒子是如何運作，不會知道你是如何透過程序性系統完成學習。你只會知道：你發的球是否抵達了理想的地點，或是腳踏車是否順利繞過大坑洞前行。

程序性系統非常複雜，它可以幫助你在沒有意識到的情況下，學會簡單和複雜的行為模式。蹣跚學步的幼兒就有著異常強大的程序性系統（他們的陳述性系統要等到他們長大以後才能完全運作），而事實上，他們是在無特別意識的狀況下，使用他們的程序性系統來習得母語。

你知道你是怎麼解開魔術方塊的嗎？你使用的是你的程序性系統。就像外科醫生一樣，他們的程序性系統也在他們的專業領域中扮演著關鍵性的角色。

只要程序性系統中擁有穩固的神經元連結，即使在壓力爆棚的情況下，你也能迅速做出正確適當的回應。這些連結能讓你順利發球，也能讓你在看到 7 和 5 這兩個數字之後，不須多想也能知道直覺反應：它們的總和就是。又假使你正在學習一門外語，而你發現自己能夠以該語言流暢地進行溝通、演說，而不需要在腦海中搜索適當的單詞，這表示你的程序性系統運作順暢，「程序區域」的神經元連結十分緊密。程序性系統的流暢度加上陳述性系統的靈活度，共同打造出你堅不可摧的「學習力」。

兩種系統並用

陳述性系統比較單調。只要能接收反覆的說明，它就可以運作到最好。但是程序性系統比較不一樣，它是通過直觀與感知的模式來完成學習。事實上，你通常無法說明或解釋你使用程序性系統上學到的任何知識，或者至少，你無法很簡單輕鬆地說明。這就好像逼你得用說的方式教別人騎腳踏車，卻不能親身示範給他們看一樣。

在陳述式學習和程序學習之間有意識地來回切換，幾乎是不可能的。如前所述，程序性系統是透過「直觀」與「感知」的方式來學習，且在大多數情況下，都必須通過練習來實現。因此，讓我們了解：在以下幾個不同的主題領域，該如何實踐並用你的程序性學習模式以及陳述性學習模式。

利用程序性系統來加強數理科目的解題直覺

使用陳述性學習模式來學數學，自然相對簡單。你只需要按照你學會的解題步驟來一步步解開眼前的題目就好，這是最簡單的方法。但是，這種簡單的方法並無法幫助您通過程序性系統，在長期記憶中建立神經元連結。因此，更好的方法是將具代表性的範例題目「內化」。這將有助於開發腦內直觀且快速的程序性系統。

重點概念

要開發解題直覺，就要在解題時試著從自己的腦中找到答案。非必要不要偷看下一步題解，並且務要在完成解題後再次練習，這樣才能確保不看答案也可以靠自己作答。

要一邊解題一邊內化，可以練習附詳解的題目（不是只提供數字答案）——但不要先看解答或是解題步驟。反之，聆聽自己內心的聲音——你能聽見細小的聲音告訴你第一步該怎麼做嗎？可以的話，恭喜——開始第一步。

若是你怎麼努力都聽不見直覺的聲音，可以偷看一下答案再開始第一步驟。接著試著靠自己做下一步，然後再做第三步——一直做到最後。非必要不偷看答案——完成題目後，可以對照題解，檢查自己是否答得正確。

若是題目難度很高，第一次練習的時候可能會需要每一個步驟都偷看題解——那也無妨。務必要寫下所有步驟，做完整道題目，不要跳過任何一步。（有時也可以看著某個特別困難的步驟，自問：「我為什麼這樣寫？」在腦中記錄關鍵步驟的「原因」可以幫助你更深入了解解題順序，替變化題做準備。）接著，試著再解一次相同題目——這次要到解題完成才可以看答案。

以下例子可以幫助你了解這種學習方法。

解題步驟	你在解每個步驟的時候心裡可能出現的想法
$3（3+X）=21+X$	要怎麼簡化這個問題？對了——先把三乘起來。
$（3×3）+（3×X）$ $=21+X$	好，現在只要解括弧裡的乘法就好。
$9+3X=21+X$	嗯⋯⋯要怎麼把所有 X 放在一起呢？也許可以把九放到等式右邊，再把等式右邊的 X 放到等式左邊。
$3X-X=21-9$	現在我只要做簡單的減法就可以了。
$2X=12$	要留下一個 X，我只需要把等式兩邊都除以二就可以了。
$X=12／2$	變成簡單的數學題了。
$X=6$	完成！

　　一般學生並不習慣進行以上的額外練習，但這卻是「學霸」與「一般學生」的關鍵分水嶺。一旦內化

了選定的題目以及其他類似習題（還有變化題），大腦就會發展出解決這類題目的直覺。這時，你的程序性學習系統就正式接管了！

　　換句話說，當大腦內化了「拿掉括弧」以及「把 x 變數放到等式一側，把數字放到等式的另一側」這種看似簡單卻關鍵的概念，你就更能理解這類問題的解題模式。這種更深、更全面的理解可以幫助你在面對看似與舊題目不太一樣的題目時，也能順利解題。

　　這也就是說，要發展出解題直覺，就必須內化不同類型的題目，每一種類型花個數天練習，直到不用偷看答案也可以順利做完題目。（不必等到一個問題完全內化再開始做其他題目。）最後，你應該要能夠眼看題目，一邊在腦海

你可以上 wolframAlpha 或 Mathway 檢查數學答案

只要輸入想要計算或是想要解開的問題，沃爾範（Wolfram）的人工智慧科技就可以替你算出答案。

不過要記得，不可以老是靠找答案──你必須「直觀」地了解演算背後的概念。

中迅速沙盤推演每一個步驟，就像在唱一首歌一樣。

　　如果你在內化的第一天就覺得困難重重，請不要感到驚訝或沮喪。當你第二天再試一次時，你一定會驚訝，發現它變得簡單許多。到了第三天，你會開始感到一切變得自然——而這就是直觀式學習！

● 開始交錯練習

　　下一個學習策略是交錯練習，可以搭配內化使用：交錯練習不同類型的問題，例如交錯練習模組三與模組七的題目。使用內化學習法時搭配使用交錯練習法時，你建立的神經元連結就會非常牢固，這些連結不只是使用某種特定學習技巧的連結，也包含了特定技巧與其他技巧之間的連結。

● 有哪些東西應該要被內化？

　　該如何知道哪些內容需要內化呢？從教科書中你

已經按部就班解完的例題下手是個不錯的方法。這些
題目可能看似簡單，事實上卻沒你一開始想的直觀，
而且這些題目通常內含非常重要的概念。老師課堂上
示範的題目以及考古題也很值得內化——前提是你要
確定解法正確。（如同前述，用模擬考來準備考試是
個好方法。）當你解決過的例題愈來愈多，你會更容
易看到題型之間的相似之處，於是你將能更純熟地把
同樣的解題思路套用到更多不同的題型上。

運用程序性系統來加強外語學習力

　　小時候，我們自然會使用程序性系統來學習說母
語。但是隨著年齡的增長，我們會開始依賴能快速學
習的陳述性學習系統來習得一門新語言。然而，在學
習外語時，過度依賴陳述性學習系統，卻有一定程度
的負面影響。

　　陳述性學習系統可以讓你輕鬆學習新詞彙，並快
速學習各種詞性以及文法架構。問題是，你會發現自

己在母語人士面前，無法同樣流暢地表達與思考。之所以會發生這種情況，是因為你的大腦將學習外語的神經元連結放到了「陳述區域」，而這個區域比較無法被及時且快速地檢索到。關鍵在於：你的大腦尚未在「程序區域」中存放足夠的神經元連結，而正是「程序區域」的神經元連結，能讓你輕鬆自然地運用語言。學習特定語言時，愈開發程序區域的神經元連結，你的語言就會愈顯流利。

● 檢索練習、間隔學習法與交錯學習法

　　毫無疑問，學任何語言都需要大量的檢索練習，檢索練習可說是絕對能提高學習效度的必要步驟。但實際上，你一天可能只有幾個小時的學習時間，又可能一次就遇到大量新詞彙，導致學習時間完全不夠用。那麼，該安排多少時間來完成檢索練習，才是最理想的？10 分鐘，3 天，4 週還是 6 個月？

　　這時候，你可能要問自己一個最重要的問題：你

預計要花多久時間學會眼前的資訊？如果下週就有考試，請每天都重複學習眼前的內容。如果你設定在一年之內學會，那麼每 3 週複習一次會是最理想的。如果你已經順利記住一組生字，請擴大你的守備範圍，學習並複習更進階的內容。請記住，睡眠和短暫的精神放鬆，對於學習有絕佳的助力。

　　此外，交錯學習法和間隔學習法也非常重要。它們能優化陳述性學習模式，也能優化程序性學習模式。交錯學習法顧名思義，就是將一切「混在一起」，在語言學習上可以操作如下：不要只是單純照順序背誦書頁上的詞彙表，而是創建電子或手寫的字卡，並隨機播放，讓生字處於不同的順序，以這種方式確認自己是否已順利記住。不單是生字，時態的部分也可以比照辦理。假使你必須在 3 個星期內學會 3 個動詞時態，那麼不要只是一次學會一個動詞時態，而是讓自己同時學會第二個和第三個時態。如果能快速且同時掌握每個時態，是再好不過，然後，盡快開始練習閱讀不同時態出現在同一句的例句。乍看之下，這會讓學習變得更加困難，你也會在一開始感到混亂，但你會學得更好、更快。

　　學外語時，交錯學習法的最佳實踐方式，就是和該外語的母語人士交談。你永遠不會知道對方會說出什麼單字和句子，或者他會使用哪一種時態。愈早開始和母語人士對話交談，就愈能確保正確使用該語言而不犯錯。我們推薦你使用 italki 之類的網站，和母語人士免費交談，或聘請輔導專員幫助學習。請記住，課堂教學往往都只能加強你的陳述性學習系統，而沉浸式學習（或使你能進入沉浸式學習的任何體驗）才能真正有助於加強你的程序性學習系統。

　　一般人經常會認為，自己很難學會一門新語言。然而真相是，他們其實有辦法學會新語言，只是一般課堂中使用的陳述性學習系統，不一定適合他們。對於更適合程序性學習系統的學生，最好的辦法是：從一開始就深入體驗新語言的核心，直接與母語人士進行交談對話，然後在必要時才拿起書本，理解需要釐清的內容。

● 比手劃腳記單字

研究證實，在背誦新單字的同時做出有意義的手勢，可以幫助你更有效記憶、理解該單字。例如，當你背誦新單字「寫」時，你可以一邊大聲朗誦該單字，並用手來比劃出書寫的動作。又或者當你要背誦「高」這個單字時，則可以一邊大聲朗誦，並將右手移到頭頂上方，來做出意指「高」的動作。要背誦

實用的外語學習資源

- Duolingo（教字彙、片語和句型的應用程式）
- Italki（媒合母語人士的視訊聊天平台）
- Preply（類似於 Italki 的視訊聊天平台）
- Yabla（提供字幕影片，可以調慢語速，把影片拆成小段重複播放）
- FluentU（類似於 Yabla 的平台，有不同的語種）

「飲用」時，你可以一邊大聲朗誦，一邊做出一飲而盡的動作。這些手勢可能有助於你的大腦，將單字的聲音與實際動作含義進行綁定。

加強寫作功力和藝術創作力

名政治家富蘭克林（Benjamin Franklin）曾使用一種特別的技巧來加強寫作功力。這種技巧是陳述性學習還是程序性學習？我們認為兩者皆是。無論如何，它真的十分奏效，我們稱之為「富蘭克林法」。

要使用「富蘭克林法」加強寫作功力，首先請找一篇你喜歡的文章。選出其中一段，寫下一兩個字來提醒自己每個句子的重點概念。接著再用這些關鍵字當作提示詞，看你能否靠著提示詞寫下原本的句子。把你的句子和原文作比對，看看哪一個版本寫得比較好。原文的辭藻比較美？文體駕馭得比較好？是的話，你就知道如何改善你的作文了。要注意：你並不是單單背下了其他人的作品，而是主動開始建立寫出

好文的神經元連結。最後你就可以用這個技巧找到寫
得比原文更好的方法。

　　當然，這種技巧不只適用於寫作，也可以應用在
藝術創作、語言學習以及其他創意領域。

＊　　＊　　＊

　　了解對你而言的最佳學習路徑，可以讓你讓你學
得快又好。但如果你就是只想打電玩，不想寫作業，
卻又不能像布萊文斯那樣可以真的以打電玩維生，又
該怎麼辦？讓我們進入下一個章節，來了解該如何加
強自己的自律能力。

本章提到的 PRO 考試秘技一覽

⑱ 內化（非死背）數理科的解題程序、技巧

⑲ 比手畫腳來背誦新語言的生字

本章重點概念彙整

- **透過「陳述性記憶系統」以及「程序性記憶系統」，資訊可以被儲放在我們的大腦的長期記憶區**

  「陳述性記憶系統」能幫助你理解困難的項目或技巧。「程序性記憶系統」可以幫助你內化這些知識，將其轉化為直覺，讓你能快速活用。

- **善用間隔學習法與交錯學習法**

  你可以快速使用程序性記憶系統，在大腦的長
  期記憶區建立一連串神經元連結。

- **內化（不是死背）數理解題步驟**

  「內化」可以幫助你加強「解題直覺」，但不
  能求速成。數天之後成果才會慢慢展現，這也
  就是直觀式學習。

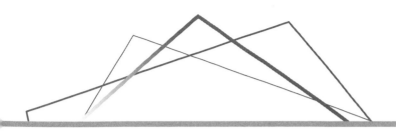

第 **7** 章

從零開始打造
自律能力

　　1912 年 10 月，美國總統羅斯福（Theodore Roosevelt）在威斯康辛州（Wisconsin）密爾瓦基（Milwaukee）演講時遇刺。子彈打中總統的胸口，所幸一本小手冊吸收了子彈的力道，子彈才未能穿心。羅斯福總統接下來的舉動嚇壞了眾人。他不顧流血繼續演講，續講了 90 分鐘，直到演講結束才去看醫生。

　　羅斯福以強大的意志力聞名。羅斯福年輕時因體弱，決定展開嚴格的運動計劃，其中包含舉重、拳擊以及其他各類體育項目。父親過世後，羅斯福更是發憤圖強努力讀書，最後以最高榮譽（magna cum laude）畢業於哈佛。據說羅斯福大約一天讀一本書──任職總統時也不例外──之外，他還親筆寫了超過 35 本著作，15 萬封信。他是怎麼辦到的呢？

　　羅斯福相信成就的關鍵在於自律──自律比才華、教育和才智更加重要。他曾說：「只要能自律，天下無難事。」但是自律究竟是什麼呢？自律能力可以提升嗎？如果你沒有什麼自律能力怎麼辦呢？

自律大挑戰

自律其實就是自制力——抵抗誘惑和當下的干擾因素，達成長期目標。你知道自己必須準備一個很重要的考試，但是親朋好友一直誘惑你花時間陪他們，這時自律能力就可以出面解救。但前提是你得擁有自律能力。

這種為了美好未來而做出小犧牲的能力確實是個重要的特質，羅斯福亦如此深信。研究顯示，能夠展現自律能力的人比較快樂、健康，比較少惹麻煩，成績表現也比較好。

很少有人擁有理想的自律能力。我們習慣拖延、衝動做決定、敗給誘惑，事後才懊悔不已。自律能力是有限的資源——輕鬆快速提升自律能力的方法並不存在——這是醜陋的不爭事實。然而即便如此，還是有法可辦。有個不錯的方式可以提升自律能力，就是**先發制人降低誘惑因素**。這就像是施打疫苗預防疾病，而不是到了生病才接受治療。

　　換句話說，自律的關鍵在於找到方法不靠自律能力來達成目標。我們這就來看該怎麼辦。

把困難的選擇變得簡單

　　盡可能讓自己習慣做出正確的選擇。好比你希望每週四晚上去健身房，但是每次要收東西出門都感覺困難重重。試著在前一天就把包包整理好，這樣週四晚上就可以拿了包就走。

　　又或是：每次回到家，你都不想寫功課。試試這個方法：每次讀完書就先把書桌整理成明天可以直接讀書的樣子。桌面要整理乾淨，書本翻到要開始讀的頁面，筆和其他用品都擺在旁邊。

重點概念

若是意志力薄弱或不存在，要成功就要剷除誘惑、干擾因素和阻礙。預先做好準備，讓開始變得容易。
找一個你想建立的小習慣或做到的小改變，開始行動吧！

也或許你每天早上都有起床障礙。教你個妙方，把鬧鐘放在另一個房間——這樣就非得下床才能把鬧鐘按掉。你也可以下載要先解題才能關掉的鬧鈴，例如「數學鬧鐘」（Mathe Alarm Clock）或是「使命鬧鐘」（Alarmy）。

消滅誘惑和干擾因素。**研究顯示，移除環境誘惑的學生的表現，比依賴自制能力的學生優秀**。假使手機會使你學習分心，就把手機放在另一個房間。如果購買日常生活用品的時候總忍不住想買糖果，就把上超市的次數降到一週一次——而且要吃飽再去。

改變習慣

習慣成就一切。舉例來說，過馬路時先看看左右兩側個很自然的行為，想都不用想。其實這就是習慣——習慣是腦中形成的神經元連結，不用多加思考就可以從大腦中提取。這種「大腦自動導航模式」就是習慣的力量，可以替我們節省腦力。

　　習慣有好有壞。我們下班或放學回到家後可能習慣癱在電視前，也可能習慣開始做功課。一切都取決於習慣。

　　矯正壞習慣可以減少使用意志力的機會。怎麼矯正？首先，找出會誘發壞習慣的因素。接著想辦法移除這個因素或是改變自己對該因素的反應。舉例來說，你肚子餓的時候是不是會暴飲暴食或是吃垃圾食物呢？試著吃點小東西，避免處於過度飢餓的狀態。

　　改變習慣是需要努力的——形成習慣會用上一點自制能力，這個階段可能要花大約 2 個月的時間。**但是建立好習慣可以使你更有效率，同時保留珍貴的自制能力**。僅是挑一個小習慣來養成，也可以產生極大的效用。舉例來說，歐克莉想要拖延逃避的時候，習慣先來個 25 分鐘的番茄鐘工作法。她不會去思考自己到底多討厭這件事。反之，開始就是開始了——她會去想 25 分鐘結束後，自己會多有成就感。

設定目標，找出阻礙

　　1990 年代，德國心理學家彼得・哥爾韋策（Peter Gollwitzer）想要找出人類無法達成目標的原因。他發現：**光有達成目標的強烈慾望還不夠，要成功就必須制定何時、何地、如何達成目標，以及如何克服阻礙的完整計畫。**

　　哥爾韋策與同事在一項實驗中發現，能規劃學習時間和學習地點的學生，花在學習上的時間比未能做相同規劃的學生多了 50％。另一項實驗發現，能預先規劃如何克服學習阻礙的學生，其準備重要考試前完成的練習題數，比沒有相關計畫的學生多了60％。另一項實驗中，來自德國和英國的研究員發現，只要能規劃好運動時間和運動地點，91％ 的受試者都能達成設定的運動目標。

　　假設你週末要為週一、週二的重要期末考做最後一次考前複習，但是該週末同時又有你很感興趣的活動在呼喚你。你的自制力擋得住嗎？根據哥爾韋策的研究，如果可以規劃好學習的時間和地點，成功的機率比較高。舉例來說，你可以計畫週六、週日早上 10 點到下午 6 點躲在圖書館的角落讀書。

　　如果你能想過該如何拒絕誘惑，也更有可能成功。假設有朋友邀請你參加派對。你想自己可能可以這樣回答：「不行，我已經有其他安排了。」（不要交代太清楚，這樣對方會比較難勸退你。朋友經常會想勸退別人，他們也沒有辦法提出什麼有說服力的論點，因為他們只是單純想勸退你。）預先計做好計畫、也練習過克服阻礙的方法，這樣之後若真出現誘惑，你就能迎刃而解。

別忘了充電

　　我們很容易進入停滯期，不管多努力感覺就是不夠。這樣很快就會消耗殆盡。留出時間過生活非常重要，花時間與親朋好友相處，好好享受。若是能把休息時間和獎勵機制納入學習規劃，好比規定每天晚上

6 點到 9 點的時間不讀書，可以幫助你在讀書時更加專注。

有時學習或工作量很大，很難找到休息時間。若是這樣，可以找件你很喜歡的事情，讓自己期待一下。舉我們認識的一位醫學院學生為例，她被大量的學習內容壓得喘不過氣，每週期待的就只有 1 小時她最愛的電視節目時光。

讓他人參與

修威在撰寫本書時會定期寫信給歐克莉，回報可以繳交最新書稿的時間。歐克莉並沒有要求他這樣做，而且時間也不趕。既然如此，修威是何苦呢？這是因為修威發現，答應別人要在幾天內完成工作所產生的急迫感可以幫助他完成工作。

所以，**當手上的工作需要用到自制力時，試著替自己定一個合理的完成日期，或是想辦法讓他人參與**。比如某個週六你必須讀書，但你知道自己很難做

到。找個也打算週六讀書又願意約出來讀的人。這種
對外責任會促使你完成工作，因為你必須信守承諾，
如實赴約。

＊　　＊　　＊

　　我們再回頭談談羅斯福總統。一天平均讀一本書
的羅斯福可能是美國當時讀最飽讀詩書的人。但是對
他來說，讀書並不需要自制能力。為什麼呢？因為羅
斯福喜歡閱讀！只有面對沒動力的事情才會需要展現
自制能力。如果你有辦法提升學習動力那當然最好。
所以接下來就要來談動力扮演的重要角色。

閱讀的訣竅

如果你想要讀書卻又感覺閱讀是一大挑戰，替自
己定個目標，例如一天讀 20 頁，這樣到了年底
就可以讀 20 本書以上。

POINT

本章提到的 PRO 考試秘技一覽

⑳ 先找到不需依賴自律能力也能成功的方法

㉑ 移除環境中的誘惑、干擾因素

㉒ 養成好習慣

㉓ 設定目標，找出阻礙與面對阻礙的應對方式

本章重點概念彙整

- **自律能力是成功的關鍵**

  要成功完成一件事，自律比才華、教育和才智更加重要。

- **想辦法不依賴自律能力，就能克服挑戰**

  ・移除環境中的誘惑、干擾因素以及阻礙，讓

自己能輕鬆做出正確決定。

・改變可能會影響學習的壞習慣，找到觸發該
習慣的因素，改變你對觸發因素的反應。

● **設定目標、找出阻礙並預想未來遇到阻礙時的
處理方式**

要成功就必須制定何時、何地、如何達成目
標，以及如何克服阻礙的完整計畫。

● **邀請他人參與你的學習**

想辦法讓他人參與你的計畫，由於你必須信守
承諾，對外責任會促使你完成工作。

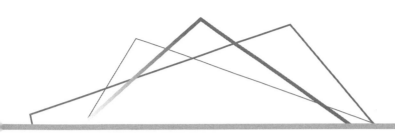

第**8**章

激勵自己，提升動力

　　湯姆‧索亞（Tom Sawyer）看著眼前的高大圍籬。他身旁有一桶白漆，他得塗滿未上漆的的圍籬木板。湯姆嘆了口氣。通常這時他早就在外探險了，但他因為翹課跑去游泳，被姨媽處罰刷圍籬。他深吸一口氣便展開了這項無聊的工作，刷起油漆。右邊刷刷、左邊刷刷，把油漆刷沾到油漆桶裡，然後再來一次。更慘的是，經過的小孩都會停下來嘲笑他。

　　這是名作家馬克‧吐溫（Mark Twain）代筆作《湯姆歷險記》的開場，但是不出幾分鐘，街上其他小孩就加入了湯姆刷油漆的行列。這些小孩最後甚至還必須給湯姆禮物才能獲得刷油漆許可。湯姆是怎麼給這些小孩動力刷油漆的呢？

關鍵在於付出努力

　　想要在學習上有所成就，就代表擁有強大的動力嗎？未必如此。**動力不在於你有多想達成某個目標，而在於你願意付出多少努力來身體力行，完成目標。**

是什麼讓人願意付出努力呢？研究員認為化學物質多巴胺是個關鍵。他們發現，老鼠腦內與情緒有關的腦區中，多巴胺濃度高時，老鼠就會更努力想辦法弄到食物。一些較近期的實驗結果更顯示，多巴胺也會驅使人類更加努力。所以多巴胺就像是引擎上的渦輪增壓器，可以用來提升動力。雖然你也可以在腦中植入電極來提升多巴胺濃度，進而提升動力（在老鼠身上管用喔！），但還是讓我們來看看更合適、更安全的作法。

動力是一切的關鍵

回頭看湯姆歷險記。經歷幾次失敗後，湯姆最終還是成功讓街上的小孩產生動力替他刷油漆。我們常以為動力有就是有，沒有就是沒有。**但是湯姆發現可以用一些聰明的小手段來創造、加強並維持動力。**

所以該如何激勵自己、提升動力呢？這個問題有點像是在問要如何讓車子往前移動。要讓車子往前移動會需要引擎、汽油、輪胎整組設備一起作用。同樣地，學習動力也有很多推動因素。本章我們要探討如何藉著找到學習價值、體驗熟能生巧的感覺、設定目標，以及與他人一起學習來提升學習困難領域時的動力以及企圖心。

　　了解了這些關鍵，可以幫助創造並維持動力，力不從心時也一樣管用。

如何創造並維持動力

- 找到學習的價值。
- 努力學習，體驗熟能生巧的感覺。
- 設定目標。
- 和他人一起學習。

價值——找到學習帶給你的好處

人會有動力從事喜歡的活動或是有收穫的活動。如果你在學西班牙文，但是一點都不開心，也不覺得西班牙文有用，更不在意成績，你就沒辦法產生動力學習。能否感覺一項活動有趣又有益，很大一部分取決於你對這項活動的看法。這也解釋了為什麼兩名學習相同內容的學生，學習動力可能天差地遠。

好在人的看法可以改變——修威高中時在一間生意興隆的餐廳打工洗碗時發現了這個道理。當時他一週要工作 2 天，從下午 4 點馬不停蹄地做到凌晨 2 點。和悶熱的廚房粗活相比，他才發現學習一點也不痛苦。

湯姆成功讓其他小孩產生動力幫他刷油漆，也是靠著改變對刷油漆的看法。湯姆發現愈難得到的事情，大家就愈想要。所以他重新定義這項工作，把刷油漆從無聊的差事變成「一生只有一次」的難得機會。湯姆和朋友班（Ben）交談時，不把刷油漆說成

「工作」，而是說他很喜歡刷油漆。班問湯姆可否讓他小試一下，湯姆拒絕了，他說姨媽很介意油漆是誰刷的。把刷油漆變成難得的機會，讓班產生了動力，想用自己的蘋果和湯姆交換使用油漆刷的時間。湯姆答應了。要不了多久，其他小孩也開始拿玩具來換取油漆刷的機會。

　　要重新建構你對某件事的看法，有個好方法是：列舉你能想到，關於這件事的所有好處。和朋友吃飯的時候才會覺得安心？在校園內有朋友同行，感覺才會良好？花些時間整理這些事的緣由，你可能會冒出一些自己從來不曾有過的想法，這就可以成為你更往前一步的動力。也可以用列表寫下學習可以如何幫助你達成目標。舉例來說，你想取得專案管理證照，你可能會想：「做這項作業可以讓證照離我更近一步，不做作業會讓證照離我更遠。」

　　另一個可以提升學習價值的方式，是在完成階段性任務後給自己一點獎勵。獎勵可以只是單純休息一下，聽聽自己最愛的音樂，也可以看自己最喜歡的電視劇或是跟朋友出去，就是出去散個步也好（久坐之後散步很舒服）。在面對困難或是無聊的學習內容時，獎勵特別有幫助，這也是為什麼番茄鐘學習法這麼強大。但是要注意，休息時間盡量不要使用手機——切記，研究顯示使用手機時的專注力，會使大腦根本無法獲得它需要的休息。

熟能生巧的快感——感覺自己的進步

上手的快感是很好的動力。在你愈來愈精通學習內容時，學習應該會帶給你「稍微努力就可以掌握」的感覺。學習內容若是太過艱澀，很容易令人沮喪，太過簡單又會覺得無聊。

如果學習內容生澀困難，試著把內容拆開研究、尋求協助，或是另覓教材。找找該主題的線上影片，或是把你的疑問發在線上討論區。另外還有一種「橡膠小鴨」學習法，可以把橡膠小鴨或是某個可以充當說話對象的物品擺在面前——然後試著大聲向它解釋你卡關的概念。也可以退一步，降級重新學習比較簡單的概念。舉例來說，修威在大學修微積分的時候，已經兩年沒有碰數學，所以感覺困難。於是他翻出高中的舊數學課本，運用週末的時間閱讀、題解，重新練習數學習題。高中的練習題和題解比較適合他當下的程度，可以幫助他慢慢開始學會大學程度的數學。

附帶一提，有時最好的學習法就是尋求協助。歐克利當初在準備大學第一門工程課程的期中考時，做了一份有 10 幾道題目的題目單。為要求解，歐克莉來到了學校的課輔中心。後來她發現，她列出的題目幾乎每一題都考了。花時間上課輔中心向小老師尋求協助，對她的成績以及重點概念的理解都有很大的幫助。這也給了她更多學習動力。

克服挫折的能力也很重要。如果把挫折看成失敗，就很容易失去動力。你反而應該**把挫折視為寶貴的機會，藉此學習、成長**。當然，當你處在一個明顯看似失敗的境地中，心情自然很難振奮起來。但要記得：很多在這一刻看似不得了的事情，事後往往都證

明微不足道。正如《快思慢想》作者、諾貝爾經濟學
得獎主丹尼爾・康納曼所言：「我們都容易覺得我們
現在想的事情，是全天下最重要的事。」

設定目標

修威有陣子手臂受傷，為了復健必須游泳。那時
他發現自己很不喜歡在狹窄的泳道來來回回。為了要
讓游泳變得不那麼討厭，修威把每次游 1 公里（0.6
英哩）當作目標，這個做法非常管用。他會自己紀錄
完成的距離，每完成 1 公里都覺得開心。

設定目標是提升動力的好方法。建議你**設定長期
目標、里程碑以及歷程目標**。

● 長期目標

你的長期目標應該要讓你每次想到就覺得興奮、
開心，例如未來當醫生、環遊世界或是創業。**把某個**

可以代表你的長期目標的照片或物品放在顯眼的地方。在充滿挫折的路上，這可以作為你的提醒、你的動力。

　　有了長期目標之後，你也可以使用一種叫做「心智對比」的方法來提升動力。心智對比就是把你現今的生活與達成長期目標之後的生活做比較。好比你的長期目標是當醫生，但是現在你只是個晚餐吃著起司通心粉的大學生，打著不喜歡的工，要跟上學習進度頗有困難。現在，閉上眼睛想想成為醫生後的景況。

想像一下醫生的一天會是如何，你會住在哪裡，在哪裡上班，一日的工作會如何展開。這種比較未來和現在的方法可以給你力量，推動你繼續朝著目標邁進。

　　你也可以用負面對比來提升動力。舉例來說，歐克莉在坐二望三的年紀開始轉換跑道學習工程，這很不容易。有時她的決心會受到動搖，但是她馬上會開始想過去受聘陸軍時的工作環境，那時她根本不可能自己規劃職涯。她不想再回到那樣的處境。工程這條路可以幫助她脫離這種制式的工作環境。

● 設定里程碑

　　你的長期目標應該要有短程目標來輔助，短程目標就是里程碑，里程碑是達成長期目標的墊腳石。里程碑可以是平均成績要達到一定水準，也可以是每一科的個別目標。

● 歷程目標

　　而里程碑也要有歷程目標來輔助——**歷程目標就是可實行的具體目標，例如達成里程碑的方法與手段。**「每天學數學 1 小時」或是「每天學 10 個單字」都算是歷程目標。

　　「聰明」的長期目標、里程碑和歷程目標較能提升動力——這是經過實測的有效建議。**聰明「SMART」的目標必須具備以下特性：具體（Specific）、可量（Measurable）、遠大（Ambitious）、務實（Realistic）、限時（Time-limited）。**

換句話說，目標要明確，一定要能測量自己的進步與成就。你設定的目標要有點難度又並非遙不可及，還要可以設定期限。舉例來說「表現優異」就不是個聰明目標，因為表

好的目標要「SMART」

- 具體（Specifi）
- 可量（Measurable）
- 遠大（Ambitious）
- 務實（Realistic）
- 限時（Time-limited）

現優異並不具體、難以測量，而且沒辦法設定期限。另一方面，「下一次機器學習作業要拿 A」就是個聰明里程碑，而「接下來 5 天，每天花 45 分鐘做這項作業」也是聰明的歷程目標。修威每週游 1 公里的目標也符合聰明目標的條件。

找伴一起努力

看電影、散步、吃飯時若有喜歡的人相伴，就會更感覺滿足。這是因為人天生需要社交，也需要獲得他人的愛與尊重。不得不承認——有人一起學習，學習就會變得更有趣。如果你有上進的朋友就更好了。要上哪找這樣的朋友呢？如果你上的是線上課程，多留意討論區——可以在討論區認識許多能幫助你學習的夥伴。如果你上的是實體課程，可以觀察課堂上提出好問題的同學。也許你比較害羞，但是主動接近同學，向對方自我介紹，或是問他你不敢在課堂上提的問題，藉此開啟話題，這會對你很有助益。

　　學習小組是幫助學習、維持動力的好方法。討論學習內容、聽聽別人的想法，可以幫助你更深入了解教材的重點概念。

　　如果你的學習內容很困難，學伴或是學習小組可以給你更多學習動力。學習內容不會改變，但是如果可以與其他人一起理解概念或是解決問題，學習過程就可以變得跟足球隊同心協力贏得比賽一樣刺激有趣。如果你的學伴很有企圖心以及學習動力，他們的動力可能會感染你，這種現象叫做「動機感染」（motivation contagion）。有伴一起學習也可以讓你學得更深入——其中一個原因是，你可以請朋友點出自己思考邏輯上的瑕疵。但要記得，每次約聚只能讀書。如果辦不到，那最好自己讀，讀完再參加朋友的社交活動。

　　讓我們最後一次回頭看看湯姆的故事。湯姆試了各種不同的方式想要提升他人幫他刷油漆的動力，其中也包括懇求協助和付錢請人，最後終於找到成功的方法。湯姆使用的方法中蘊含著提升動力的關鍵。提

升動力的辦法很多，你可能會需要多方嘗試才能找到
最適合自己的方法。

＊　＊　＊

下一章中，我們要來探討如何成功掌握最常見的
學習方式──閱讀。

本章提到的 **PRO** 考試秘技一覽

㉔ 提醒自己任務達成後的所有好處

㉕ 完成困難任務後，給自己明確獎勵

㉖ 學習內容的難度必須符合自己的能力

㉗ 設定長期目標、里程碑與歷程目標

本章重點概念彙整

- **動力並非有就有，沒有就沒有**

  可以靠不同的技巧來創造、加強並維持動力。

- **激勵自己最好的方法因人而異**

  取決於你之所以缺乏動力的原因。較聰明的做法是多方嘗試不同的策略。

- **提醒自己完成任務後的所有好處**

  取得「證照」或任何社會性成就，都可以加強
  學習動機。

- **完成困難的任務後，給自己一點獎勵**

  追劇、購物、逛街、聽音樂都是不錯的獎勵
  法。

- **學習內容的難度一定要符合自己的能力**

  可以尋求協助、把任務拆成小單元，或是給自
  己多一點時間（可以的話）。

- **使用心智對比法**

  正面對比或負面對比都行。

- **設定符合「聰明原則」條件的目標**

  具體（specific）、可量（measurable）、遠大
  （ambitious）、務實（realistic）、限時（time-

limited）。

- **找一群對你的學習主題也有興趣的同學**

  人天生需要社交，找伴學習可以帶來心態上的
  滿足，也能彼此切磋學習內容。

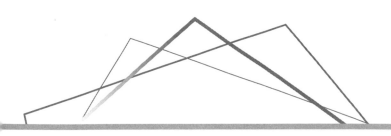

第 9 章

提升閱讀效率

2007 年，速讀冠軍安·瓊斯（Ann Jones）在倫敦一間書店內坐下來，開始閱讀《哈利波特：死神的聖物》（*Harry Potter and the Deathly Hallows*）。47 分鐘過後，她讀完了整本書，共 784 頁。照這樣的閱讀速度看來，瓊斯一分鐘讀了 4200 字──約為一般人閱讀速度的 20 倍。以 2 倍或是 3 倍的速度閱讀，又不犧牲理解力──這是很實用的技能。但可能嗎？

如何實際提升閱讀速度，以及速讀技巧為什麼不管用

要明白怎樣才能使閱讀更有效率，首先可以先稍微了解一下閱讀歷程。當你讀到一個字，好比「車」，首先你要認出這個字。接著，你會無聲地「默讀」（subvocalize）這個字，最後再把這個字轉化成它所代表的想法或概念。

為要認字，視線會在一個字上停留大約 0.25 秒。接著你的視線會跳到下一個字，再次停留，再跳

到下一個字，一直下去。視線從一個字跳到下一個字
所花的時間不到 0.1 秒。

　　閱讀時視線會切換，先停在一個字上專心理解，
然後再跳到下一個字。

　　有些速讀課程宣稱可以靠縮短眼動和視覺停留的

閱讀時視線會切換，先停在一個字上專心理解，然後再跳到下
一個字。

時間來提升閱讀速度。這類課程會要你一次讀 3 個字，如果是使用應用程式學習速讀，程式介面會一次顯示 3 個字，藉此減少眼動時間。

　　速讀課程通常建議一次凝視 3 個字，藉此減少眼動次數。但是減少眼動並不能增加大腦的理解速度。

　　然而，研究發現，大腦會在視線跳到下一個字的時候處理前一個字的資訊。拖累閱讀速度的並非眼動。真正使閱讀速度變慢的是大腦的處理速度——是認字、默讀，以及把文字轉化成想法或概念的過程。

　　所以靠減少眼動來提升閱讀速度並不能對症下藥。**如果你想要讀得更快，就需要提升認字速度以及把字彙轉化成概念的速度。**提升字彙量，擁有正確的

速讀課程通常建議一次凝視 3 個字，藉此減少眼動次數。但是減少眼動並不能增加大腦的理解速度。

背景知識，以及大量的閱讀經驗都可以幫助你提升閱讀能力。

有效閱讀的關鍵在於理解能力

我們確實可以藉著增加詞彙量和背景知識來提升閱讀速度，但是效果還是有限。研究顯示，1 分鐘可以閱讀超過 400 字（英文）又不影響理解能力的人不到 1%。

多數人在閱讀一般文章的時候，「舒服」的閱讀速度約為 1 分鐘 1 至 300 字（英文）。這也無妨，**因為有效閱讀與速度無關，重點在於理解並記憶所讀內容**。你可能會發現，如果大量閱讀高技術性的文章，你在閱讀非技術性文章時速度也會變慢。這很正常。何況，稍微放慢閱讀速度可以提升理解能力。

那麼安・瓊斯究竟是如何以 1 分鐘 4200 字的速度讀完哈利・波特的呢？先說，瓊斯對於該書的理解程度未經科學測量，只有她提供給記者的閱讀摘要。

閱讀專家認為，瓊斯可以快速讀完這本書，是因為她已經讀過前幾部哈利・波特，而且她可能早就大量練習過用片段資訊撰寫書摘。瓊斯有辦法用相同技巧輕鬆讀完向量分析教科書嗎？我們很懷疑。

預覽學習材料

已經看過拼圖全貌再開始拼圖會比較容易。同樣，先快速綜覽章節「全景」再開始研讀細節，就可以先有個實用的大方向。

所以在開始仔細閱讀之前，先花個幾分鐘看過摘要、章節學習目標、章末問題、粗體標題、圖片以及圖說。大方向是什麼呢？每一章要表達些什麼呢？

你可能會覺得這樣快速預覽學不到什麼，但是預覽的目的只是要理解架構，對之後用正常速度閱讀會很有幫助。如果你感覺讀到一半被細節困住了，可以再做一次預覽，幫助自己重新找回大方向。

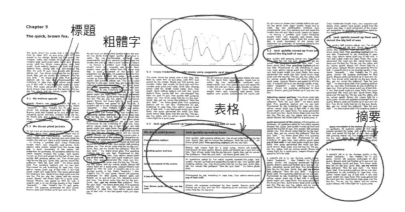

預覽就是先大致看過一本書的摘要以及架構，了解一下內文的大方向。

避免被動閱讀

　　舉例來說，你下定決心要熟讀電腦鑑識教科書中的新章節。你把讀過的地方用螢光筆作記號，感覺自己主動與文字產生了互動。接著你再讀一次該章節，發現對章節內容感到更熟悉了。你以為這樣確實可以把書上的資訊烙印在腦海裡。

　　但是直覺騙了你。用螢光筆劃線的時候，啟動的是大腦中與手部動作有關的區塊。這就是為什麼你有主動學習的錯覺。然而腦中的「動手」區塊不一定是形成概念連結的區塊。換句話說，**畫螢光筆或是畫底線是被動學習——並不能在長期記憶中直接建立學習的神經元連結。**

　　首次閱讀某章節之後立刻再讀一次，只會讓人產生熟悉的錯覺。書中字句會愈來愈熟悉，但你並沒有因此領會書中內容，這就是所謂的「熟悉錯覺」（fluency fallacy）。你的神經元不會因此而被迫形成連結。針對這個概念，電機工程科技教師卡洛・戴維斯（Carol Davis）提到：「反覆閱讀浪費了主動學習的時間，你會感覺讀個沒完沒了卻沒有任何進展。」

　　如果你想要再讀一次，請至少等個一兩天，並且記得用主動學習方法輔助學習。唯一可能例外的情況，是當學習內容非常紮實，充斥著各種嶄新且複雜的資訊。這種情況下，你可能會發現自己必須在沒有完全理解的狀況下，重複閱讀某些段落。閱讀第一次之後，進入睡眠時間，第二天清醒後再閱讀一次，也是濃縮資訊、整理出大架構的好方法。通常在第二次閱讀時，你會比較有辦法開始專注於資訊的細節上。

回想閱讀法

前面討論過的「回想法」是主動閱讀的好方法。研究員通常把回想法稱做「提取練習」。回想練習不僅可以幫助記憶，也可以幫助你更理解關鍵概念。一項研究比較了反覆閱讀學習法和回想學習法，發現使用回想學習法的學生在一週後記得的書籍內容多出了25％。另一項研究顯示，針對閱讀材料做一次回想練習，可以把資訊保留在長期記憶的時間延長為 2 倍，而反覆回想又可以近一步將長期記憶延長至 400％。

我們稍微概述了如何在閱讀時使用回想法，接下來要提供更具體的步驟。盡可能仔細閱讀某一頁，試著點出重點概念。接著看向他處，把重點概念講給自己聽或寫下來。失敗的話，再讀一次，再試一次。隔天再回想一次，學習效果又會更好，這種做法可以讓你檢視自己是否已經把資訊存入長期記憶。（如果學習內容過度紮實，也建議隔日重複閱讀，以加深印象。）

你也可以用自己的筆記來練習回想。與其重讀筆記，試著回想筆記內容。也可以寫下摘要，供日後準備考試使用。

思考文章內容

要深入了解閱讀材料，主動思考文字內容並且與已知概念做結合，效果會非常好。有很多不同的方法可以思考文章內容。**時不時停下來想想讀到的內容，用自己的話整理，使用第三章介紹的闡釋技巧，或是找個人討論**。回答與內文相關的問題。如果你閱讀的是技術性文章，可以練習題組。這種主動思考內文的學習方法不僅可以幫助理解，也可以幫助你記住更多細節，因為記憶和理解息息相關。

主動閱讀的實用策略：寫註解

一邊閱讀一邊寫下註腳和問題，這樣「寫註解」是主動閱讀的實用策略。有了註解，事後複習或是查找課文都比較方便。如果你用的是電子版閱讀材料，可以使用註腳／註解功能。如果你是在紙上閱讀，可以直接寫在頁邊空白處，使用便利貼或另外用筆記紙做筆記。你的註解應該要寫下：

- 重點概念，用自己的話寫，愈精簡愈好。
- 概念之間的關聯。
- 自己舉例或是參考資料。
- 不懂或是待釐清的資訊。
- 重點段落摘要。
- 可能會出現的考題。

註解學習法最重要的就是一定要用自己的話寫筆記。要好好處理訊息才能用自己的話重述，這比單純抄課文更能深入了解學習內容。

　　記得要寫下細節，也要寫下大方向。要深入了解教材，這兩者缺一不可。不過摘要不能寫得太含糊（例如：「辨別不同類型的葉子」），要寫得具體：「五種不同的葉緣：全緣型＝平滑；波曲形＝彎曲／波浪……」

　　替閱讀材料做完註解後，**用 3 至 5 句話寫下該篇摘要**。如果沒有辦法清楚說明重點概念，那就複習註解，複習完再試著摘要一次。若還是沒有辦法整理內容，就該重讀不清楚的段落，再多寫一些閱讀註解。

如何駕馭大量或難懂的課文

　　修威以前指導的心理學系大學生「妮娜」（Nina）因為龐大的閱讀量而備感壓力。修威陪著妮娜把她所有的書籍和文章疊在一起，發現就算不眠不休也要花上 3 個月才能把所有內容讀完。難怪妮娜感覺自己跟不上了！於是妮娜把閱讀材料分類成「必

讀」和「可讀」。這樣她就能排出學習的優先順序
——學習成效也會更令人滿意。

　　如果你是大學以上的學生，因為閱讀材料而備感
壓力，也可以使用上述方法。問問講師或是去年修過
該門課的學生，哪些是必讀，哪些是建議閱讀，哪些
又是補充教材。大學教科書的內容通常比課程內容豐
富，所以找出關鍵的章節或段落可以幫助你做重點學
習，也節省時間。如果還是太多，可以與同學拆著
讀，讀完再交換摘要。

　　如果你閱讀是為了要學習工作相關的新技能，也
可以比照辦理。試著排出優先順序，至少要挑出重
點。不要想吸收所有細節。反之，有多少時間用多少
時間，盡力駕馭新知。

　　不管你在讀的是什麼，如果弄不懂書中的解釋，
試著找找簡化版的解釋。可以請朋友或小老師解釋給
你聽，看 YouTube 影片，或是休息一下，啟動發散模
式來幫助學習。

＊　＊　＊

　　學習之路的終點通常是考試。下一章我們就要來談，若學習需要接受評量、計分，該如何在短時間內戰勝考試。

POINT

本章提到的 PRO 考試秘技一覽

㉘ 細讀文本之前，先大致預覽

㉙ 主動閱讀法：思考內文、練習主動回想、寫
註解

本章重點概念彙整

- **提升閱讀速度不等於提升閱讀效率**
  想要超越自己原本的閱讀速度，就會犧牲理解
  能力。

- **仔細閱讀之前先預覽內文**
  找出大方向可以幫助你理解並記憶細節。

- **避免被動閱讀**

  畫螢光筆或是畫底線是被動學習。

- **練習主動回想**

  閱讀的時候，可以時不時看向他處，試著回想
  該頁重點。這可以幫助你把重點概念鎖在腦
  中，也可以增加你對該主題的理解。

- **想辦法思考內文──這樣可以提升理解程度**

  可以在閱讀的時候暫停一下，回答與內文相關
  的問題，用自己的話做摘要，或與他人討論學
  習內容。

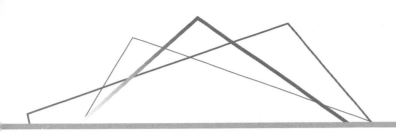

第 10 章

戰勝考試

　　歐克莉在學習電機工程的時候，為了準備一個困難的電路考試，把手邊所有練習題都做完了。很難有人可以比她準備得更周全——其實考試前，班上一些頂尖學生還來請教她幾個特別困難的概念。

　　但是歐克莉考壞了，10 題全錯。班上其他人幾乎都考得不錯。歐克莉心想——「他們應該是解題速度比較快，或其實就是比我聰明。」

　　她錯了。其實只是有個考試小訣竅她還不知道。

應試技巧與了解考試的重要性

　　我們會想，只要把考科內容學好就可以考高分。很抱歉，事實不一定如此。要在考試上有優異表現，還需要懂得應考。要知道如何考試，就要了解該科考試，也要有聰明的應考策略。

　　歐克莉在那次電路考試不及格後，明白了應試技巧的重要性。原來那次考試中，教授要學生做一個假設[9]，但是教授在課堂上並沒有提到這個假設，指定閱讀材料中也沒有提到，考卷上更沒有相關指示。可是漏了這個假設，就一題也答不對。

　　那為什麼歐克莉的同學都考得不錯呢？原來很多同學其實都有教授的考古題。他們大概知道教授考試的方向——也知道這個假設大概會考。歐克莉發現其他學生有考古題後，也開始多與同學交流，確保自己

在實體課程中發問

問講師問題的學生會得到額外的資訊，不問的就沒有。但是不要問「會考什麼」這種問題，老師會覺得你很煩。反要讓老師知道你是讀過書才發問的。舉例來說，可能可以問「我在複習筆記還有投影片的時候，感覺會這些主題可能會考，所以我想先讀這些部分……老師覺得這個方向對嗎？」

9　即：二極體電壓下降 0.7 伏特。

不會漏掉考試相關資訊。

　　所以，在開始準備考試之前，想辦法弄清楚試卷大概會長什麼樣。不用知道究竟會有哪些考題（不是叫你作弊！），而是試卷上會有哪些類型的試題、考試的評分方式、教授希望看到什麼，以及有哪些假設。要熟悉要來的考試有很多方法，例如複習手邊的考試相關資訊、釐清不確定的概念，以及和他人討論考試。但是最重要的應該還是盡可能練習考古題。

練習考古題的重要性

　　考試對學習大有助益。舉例來說，你從 1 個小時的考試中學到的會遠比讀書 1 小時還要多。模擬考也非常有用——事實上，**研究顯示，準備考試最好的方法就是練解與試卷類似的題目。**所以你可以練習考古題。當然，其他相關資料的題庫也一樣很有幫助——不過這些題庫不一定包含考試會出現的題型。

　　但要記得——光閱讀練習題的答案是沒有幫助

的。這樣只能把資訊放到稍縱即逝的工作記憶中。**你必須靠自己的能力解題，就算你感覺這些題目你早就會了。**

上哪找考古題呢？證照考試或是專業考試的考古試題通常在書上或是網路上都可以找到。至於大學課程或線上課程的考試，可以上網搜尋你的課程或班級名稱，你知道的課程內容關鍵字，再加入「練習」、「小考」、「考試」、「範例」、「習題」等關鍵字，這樣應該可以挖出不少實用資訊。你也可以上coursehero.com 等綜合性學習網站找練習題。不過要小心，先弄清楚使用上述資源是否違反學校規定。

如果找不到考古題，可以自己擬一些你覺得可能會考的題目。如果課程有明確的學習目標，試著把這些學習目標改寫成考題。這種方法對心理學、歷史以及其他非量化研究領域特別有效。

你可能也已經發現：做考古題之所以重要，是因為它能夠強化我們長期記憶中的「程序區域」的神經元連結。記住，若想要深刻理解又能靈活運用某項知識，就必須在大腦長期記憶中的「陳述區域」以及「程序區域」都擁有豐富的神經元連結。如此，你在考場上才能靈活且快速地反應。

規劃時間

修威在牛津大學讀研究所時，收到第一學期的考試時程表，一看，他覺得自己會被當光光。修威在挪威讀大學的時候，課程通常會在期末考前一至二週完全結束，學生便有很多時間可以準備考試。修威低頭看著他的第一次期末考時程表，發現自己只有不到一週的時間可以準備 5 科考試。怎麼辦才好呢？

修威告訴自己，大家都跟他一樣只有一點點時間可以準備，於是安心了一些。（準備時間真的少得可憐，他不認為學校會把 300 名學生全數當掉）。接著他制定了一套讀書計畫，這樣才能妥善利用手上所剩無幾的時間。

讀書計畫沒辦法增加讀書時間，但是可以幫助你

整體讀書計畫

週	一	二	三	四	五	六	日
21	歷史	歷史	數學	數學	西班牙文	放假	放假
	數學	西班牙文	西班牙文	歷史	歷史		
22	西班牙文	歷史	歷史	數學	數學	數學	放假
	數學	數學	西班牙文	西班牙文	西班牙文	西班牙文	
23	數學	數學	數學 期末考	西班牙文	西班牙文 期末考	歷史	歷史
	數學	數學		西班牙文		歷史	歷史
24	歷史 期末考						

更妥善運用時間。讀書計畫也會減輕你的壓力，因為有計劃就不會無所適從，只要照表操課就好。

如果你一次要準備數個科目的考試，請先確定每一科要各花多少時間準備。看看總共有多少天可以讀書，然後在考前平均分配每一科的讀書時間。接著，在月曆上寫下哪天要讀哪些科目。一天盡量準備至少2科，這樣才能做出學習間隔。期末考前 1～2 天例

西班牙文期末考讀書計畫

二	練習考古題（4 小時）學習小組（2 小時）
三	讀第 1 章和第 2 章（3 小時）做筆記（2 小時）
五	讀第 3 章和第 4 章（3 小時）做筆記（2 小時）
一	讀第 5 章和第 6 章（3 小時）做筆記（2 小時）
三	學習小組討論（2 小時）練習考古題（3 小時）
四	練習考古題（4 小時）複習筆記（1 小時）
五	練習考古題（4 小時）複習筆記（1 小時）
六	練習考古題（4 小時）複習筆記（1 小時）
四	練習考古題（7 小時）複習筆記（3 小時）
五	期末考

外，可以的話，利用這一兩天專心準備即將要來的考科，會帶來很大的幫助。

　　知道了自己有多少時間可以準備考試，什麼時間該讀什麼書之後，可以仔細想想該如何運用讀書時間。課程大綱中有哪些是準備的重點？你要花多少時間解考古題，花多少時間閱讀教材、複習筆記、與同學討論？簡單把你的想法寫成讀書計畫表。如果你想要，也可以針對單一科目做更詳細的規劃。

如果你是帶著全職工作攻讀商管碩士，同時還要打理家務，也可以用類似的方法來規劃時間。上述情況中，家人的支持就很重要。你會需要有所犧牲，偶爾還要睡眠不足（雖然這跟科學建議有所抵觸），但這就是人生。盡力做到最好，要知道學習沒有萬靈丹，妥善規劃時間非常重要。

人有時候確實會過於樂觀，造成計畫趕不上變化，所以不妨且戰且走，隨時調整讀書計畫，慢慢找到自己最舒服的時間長度。順帶一提，計畫的價值不在於完成，而在於擬定計畫時的思考與整理。

盡量預留充足的睡眠時間，尤其考試將近的那幾天。就算考前那晚輾轉難眠，假使你已經儲存了幾天的優良睡眠，考起試來還是會比較輕鬆。

仔細閱讀應試須知以及每道題目

　　修威有次為了工作面試而參加了一個電腦選擇題考試。這項考試要應試者針對一篇文章回答 30 道問題，問題與數據、圖表有關。修威大致看過應試須知就按下了開始鍵。考試一開始都很順利，但是考試快結束時，他還剩下好多問題未答。修威不想失分，所以就亂填了幾個答案。交卷後，修威又再讀了一次應試須知。這時他才發現，該考試的設計本來就不期望應試者答完所有問題。應試須知上還特別提醒應試者亂猜會倒扣分數。

　　換句話說，修威參加的是少數答錯比空白更慘的考試。想當然耳，他沒考過──不是因為他條件不好，而是因為他沒有仔細閱讀應試須知。

　　讀錯或誤解是人之常情。但是在考試時，這要付出慘痛的代價。**應試時務要仔細閱讀所有考試須知。**如果試卷上有 5 題申論題，弄清楚是 5 題都要作答還是選一題作答即可。每個題目閱讀 3 遍也是明智之舉：開始作答前讀一次，寫到一半讀一次，寫完之後再讀一次。這樣可以幫助你作答不離題。有時人在開始搜索相關知識後才會更理解考題，這通常在開始作答後才會發生。

注意考試時間

修威以前常常來不及完成考試。他經常寫到最後發現時間不夠，留下好多尚未作答的題目。有一次考試共有 5 題數學題，他最後一題來不及作答。就算前面 4 題答得再漂亮，還是有 20% 沒有做完，該科考試的成績因此大受影響。

要避免來不及答題，在心裡先分配好作答時間是明智之舉，考試時也要隨時注意時

時間掌握太重要了

做模擬考時，可以參考實際考試時間來限時—要在應考時掌握考試時間，這是最好的練習方法。

模擬考就是正式考試的預演，能幫助你釐清哪些題目可能要花較多時間，或是比較困難。

鐘，才能確認進度沒有問題。一種做法是把考試時間除以考題數，再依各題比重稍作調整。這樣便可以大概知道每道題目應該要花多少時間。

假設你有 60 分鐘可以完成 10 道題目。這樣一題就有 6 分鐘的作答時間。也就是說，考試時間過了一半時，你應該要完成 5 至 6 題。如果 30 分鐘只答了 2 題就慘了。

如果你無法強迫自己停下手邊的問題往下作答，可能就會在某些題目上花太多時間，犧牲了其他題目。雖然某幾題你可能答得很漂亮，也不足以用來彌補答到一半或未作答的題目（修威的切身之痛）。

別忘了「起頭難」作答法：先從看似最困難的試題下手——但是先花幾分鐘就好，寫到卡關就停。在你往下開始回答較簡單的題目時，發散模式就會默默在背後開始處理困難的試題。

答題要控制好時間，這和回答困難題目時要適時抽身是相同的原則。考試時千萬注意，可別陷入某一道題目之中無法自拔！

檢查答案

如果寫完考卷還剩一點時間，可以運用這些時間來檢查答案。看看你的發散模式是否想到什麼可補充的內容，或是有沒有要你修改答案。有趣的是，研究發現應試者若在檢查時更改答案，通常都是把錯的改成對的。檢查考卷也是找出、修正含糊不清的敘述的好時機。另外還有個小祕訣，你可以記錄自己最常犯錯的地方，這樣在檢查考卷時就有更明確的方向。

在做最後檢查的時候，要確認困難的題目也寫上了答案，除非答錯或是作答不完整會被倒扣分數。盡量寫下你能想到的相關資訊。舉例來說，可以寫下你打算使用的步驟或是公式，這樣也會得到一些分數。有時考生腦中只有與題目有關的定義，或是感覺心裡的答案是常識，便會不願意作答。但是很有可能考試就是要你回答這些內容。

克服考試焦慮

　　重要考試前夕感到焦慮是非常正常的現象，其實這種焦慮感對考試表現很有幫助。與其因為考試而倍感壓力，不如轉化這種感覺，把它想成：「壓力可以幫助我拿出最好的表現！」

　　然而，如果焦慮感太過嚴重，使用本書中介紹的學習技巧來建立牢固的神經元連結是減輕焦慮，戰勝考試最好的方法。考試將近那段充滿壓力的日子中，最好專注在歷程目標上（例如讀滿 3 小時的書或是解決兩個考試），而非執著於最終的目標（例如拿到 A）。專注在歷程目標上可以稍微減輕壓力，也能使你離最終目標更近一步。

　　考卷發下來，或是當你按下線上考試的「開始」鍵時，焦慮的感覺可能會轉變成慌亂。這是因為人在感到壓力時呼吸會變得短促，空氣只能吸到胸口上方。氧氣不足就會陷入慌亂狀態。要解決這個問題就要調整呼吸。知道自己快要開始慌亂的時候，把手放在肚子上，試著深呼吸，把空氣吸到肺裡，用手感覺腹部起伏。深呼吸可以幫助你沉著、冷靜。

選課盡量有策略

歐克莉在學工程的時候，會以期末考日期作為選課標準，避免兩個考科連日這類的情形。她發現盡可能隔開各科期末考就會有更多時間準備，也可以減輕考試壓力。此外，比起限時 1 小時的考試，她比較喜歡 3 小時的考試。為什麼呢？歐克莉發現考試時間長，每一題的作答時間也比較長，這樣可以減輕壓力，發散模式也比較有用武之地。**可以的話，做選課規劃時可以用點策略，這樣可以幫助你得到更好的成績。**舉例來説，如果你在用許多小作業來評量學期成績的課程中的表現，比期末考定生死的課程好，選課時就要考慮到這點。

有些「夜貓型」學生早起很痛苦──那麼可以考慮下午或晚上的課程。也有些人在線上課程中表現最好，因為錯過某個解釋時可以按下停止鍵，重放一次。分析哪些方法對哪些課管用，哪些方法對哪些課不管用，很有幫助。

在規劃完善、講師優秀的課程上可以花點心思。也就是說，可以從其他學生或 Classcentral.com、RateMyProfessors.com 等網站蒐集課程的「實用資訊」。但是務必要記得，其他學生對課程的評價有時會因他們自己未能得到預期成績而受到影響。

最後別忘了，成績固然重要，學到的東西以及可以學到的東西才是最有價值的。教育真正的價值在於幫助你有效地終身學習。下一章，也就是本書的最後一章，我們要來談談如何妥善運用書中提到的工具以及如何持續改善學習方式。

POINT

本章提到的 PRO 考試秘技一覽

㉚ 蒐集統整考試相關資訊，訂讀書計畫

㉛ 練習歷屆考古題

㉜ 應試時：詳讀考試規定，注意時間，檢查答案

㉝ 使用「起頭難」策略應試

本章重點概念彙整

考前：

● **熟悉考試內容以及可能會出現的題型**
  ・複習考試內容。
  ・釐清不確定的概念。

・與他人討論要來的考試。

● **盡量蒐集考古題，練習以前考過的題目**

不要只閱讀答案——這樣只會把訊息放到工作記憶中，很容易忘記。

● **擬定讀書計畫**

讀書計畫要定出該花多少時間讀書，以及準備重點。

● **選課要有策略**

記得教育真正的價值在於幫助你有效地終身學習。

考試中：

● **仔細閱讀考試須知與試題**

開始作答後再重讀一次試題，可以幫助你更理解題目。

● 注意考試時間

要知道每個段落大概可以分到多少時間，考試時要一直留意時間，確認答題速度沒有落後。

● 運用剩下的時間來檢查答案

確認所有題目都已經作答（除非亂答會被倒扣分數），作答清楚並包含所有重點概念。

● 記得使用「起頭難」策略

可以的話，從最困難的題目開始做起。卡關時停下來作其他題目，最後再回頭解卡關題。讓發散模式來幫你解題！

● 考前和考試中的壓力其實對你有幫助

開始考前記得深呼吸，給身體足夠的氧氣，讓自律神經系統緩和下來。

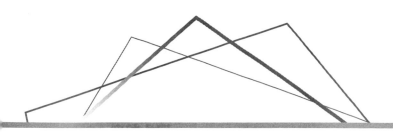

第 *11* 章

成為學習的專家

「你不會唱歌。」評審又再說了一次。參賽者目瞪口呆，不敢相信評審居然說出這種話，然後氣呼呼地丟下麥克風，怒離舞台。

如果你看過《X Factor》或是《美國達人秀》（*America's Got Talent*）等選秀節目，這個場景你大概不陌生。但是重點是——到底為什麼有這麼多人誤以為自己很擅長某事？

讓我們先暫停一下，複習書中討論過的內容。到目前，我們談了一些由科學與經驗得來的心智工具，像是：

- 使用番茄鐘工作法，打造一個沒有干擾因素的環境，藉此戰勝拖延。
- 適時休息，考試時用「起頭難」策略來克服卡關。
- 主動學習：提取練習、自我測驗、闡述練習、交錯學習、間隔學習，這樣才能建立牢固的神經元連結。

• 使用縮寫、造句、鮮活的畫面、記憶宮殿以及內化等方法來幫助記憶與內化。

• 定好學習的時間、地點，想好克服障礙的方法，這樣才能施展自制能力。

• 找到學習價值、學到熟能生巧、制定目標，這樣可以提升動力。

• 預覽、練習主動回想、寫註解，藉此提升閱讀效率。

• 分析、練習考古題，考試時注意時間，藉此贏得高分。

運用得宜，這些強大的學習工具便可以幫助你成為更有效率的學生。但是要如何確保自己能在合適的時間妥善運用合適的策略呢？又該如何在學習之外的新環境使用這些策略呢？

　　這時你就需要研究員稱之為「後設認知」的技能。

後設認知的重要性

　　你可以把後設認知想成大腦外還另有一個大腦。這個額外的大腦管的是「如何思考」（後設認知──metacognition──的字意就是「思考如何思考」）。這顆後設腦會停下來思考該用什麼方式、該採取什麼策略來解決問題。在你學習到一半的時候，這個腦會要你暫停下來（也許不只一次）評估自己選用的策略是否正確。學習結束後，你的後設腦會做回顧，想想是否有其他的學習方式。換句話說，後設

認知可以幫助你學習什麼時候該使用心智工具，也能
提升你使用心智工具的能力。要成為成功的學習者，
後設認知非常關鍵。

　　要避免在選秀節目被評審毒辣的評論嚇到，後設
腦也是關鍵。為什麼有些參賽者會被這些話嚇到呢？
沒有才華之外，他們大多也缺乏後設認知能力。若是
他們的後設腦能正常運作，就會積極尋求客觀建議，
也會退一步自我審視，接受批評，從批評中學習。

　　為什麼有些人的後設認知能力比別人強呢？研究
指出，對自己的能力過度自信的人缺乏後設認知能
力，這應該也不意外。然而經過練習，每個人都可以
加強後設認知能力。

自問後設認知問題

　　要加強後設認知能力，最簡單的方法就是自問一
些高階的問題，例如：

- 碰到難關的時候，手邊有哪些資源可以運用？

- 目前的學習內容程度是否合適，學習重點是否正確？是否需要重新安排優先順序？

- 我能更有效地學習嗎？還有什麼可以改進的？

- 哪些地方我覺得特別困難？為什麼？

後設認知學習模型

若你想成為擁有後設認知能力的學習者，加拿大心理學家菲爾·維尼（Phil Winne）和艾莉森·海德溫（Allyson Hadwin）提出的學習自我管理四步驟是個值得參考的架構。

● 步驟一：了解學習任務

了解自己該做些什麼、學習的評量方式，以及你的時間與資源。如果是在大學修某一門科目，可以用該科的學習目標來幫助了解自己需要學些什麼。如果

自我管理四步驟

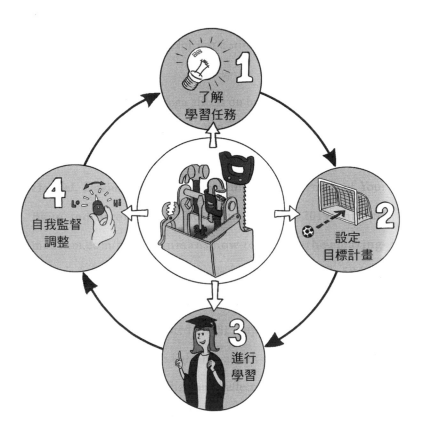

是在準備考試，可以分析考古題，藉此了解考試時可能會遇到的題型。可以問老師，有時也可以問同學他們對該科的理解。如果不知道怎麼著手，通常是因為你還不明白學習目標。

● 步驟二：設定目標和計畫

想想自己的理想（你希望拿出多好的表現呢），接著，把手邊的學習任務拆解成具體目標。一旦有了目標，就可以開始規劃達成目標的時間、地點和方法。這也包含選擇合適的學習工具。如果你在學習義大利詞彙，你的目標可以是記下學習材料中所有生字，可以計畫使用字卡，一天花 10 分鐘使用字卡做提取練習，連作 5 天，每 5 天為一間隔，共練習 2 週。如果你在學習光合作用，你的目標可以是對光合作用的過程滾瓜爛熟，熟到可以解釋給其他人聽。要達成這個目標，可以計畫選讀 3 種不同教材中的光合作用章節，然後練習闡釋。

● 步驟三：進行學習

按照計畫開始學習，試試各種不同的學習方法。

● 步驟四：自我監督與調整

學習時務要記得退一步檢視自己的學習過程。評估自己的學習是否真有進展，選用的學習策略是否能對症下藥。你也許會需要邊學邊調整學習方法，這是好事。事實上，在學習進度緩慢或停滯不前時改變練習方法，是學習自我管理中相當重要的一環。舉例來說，你發現自己讀不懂某篇難懂的文章，也許可以試著找其他相關材料來輔助，例如 YouTube 上的解釋影片或是線上課程。

這個四步學習模型是循環的，意思就是，在精通困難領域的路上，可能要不斷重複這些步驟。走完一輪後，你應該會對手邊的學習內容有更深入的了解，也可能會得到一些想法，使你改變學習目標和學習計

234	超高效學習：超級學霸╳跨界學習權威的 35 個 PRO 考試秘技

畫。你會依照所學來改變學習方式，愈學愈上手後，再更進一步調整學習目標和學習計畫。

　　邊學習邊練習自我管理會很有收穫：一項研究發現，訓練學生成為能夠自我管理的學習者，可以使他們的百分等級從 50% 進步至 75%。

從過去的考試中學習

　　自評學習表現（步驟四）的其中一個方法是使用類似下表的表格做系統性整理。這種表格可以強迫你

考前做了哪些準備

問題	是	否	下次可以如何改進？
你是否在考前充分掌握了考試相關資訊，知道該讀什麼，該怎麼讀？			
你是否預留了充分的時間可以好好準備考試？			

	是	否	
你是否讀完了課程大綱列出的所有內容？			
你的學習是否有效率，是否能在該讀書的時間專注學習？			

考試當下的表現

問題	是	否	下次可以如何改進？
你是否了解應試須知和試題？			
你是否完成所有考題？			
考試時是否感到疲倦或飢餓，導致不能專心？			
考試時是否感到慌亂或是嚴重焦慮，導致無法專心？			
你是否在每個試題間做好時間分配？			
你是否犯了粗心之錯？			
考試時是否記得每個試題的重點概念？			

考試時是否記得每個問題的相關細節？		
你的答案是否清楚有條理？		

思考過去考試時遇到的各種問題，反省怎樣才能有更好的表現。

結語

大腦是人類最寶貴、最複雜的工具。我們希望可以藉由本書幫助你開發大腦，也希望你們能因讀了本書而有動力想要改善自己的學習方式。現在，就讓我們用幾題後設認知問題來替本章以及本書作結吧。

　　請寫下：讀完本書你最大的收穫是什麼？未來在學習的時候，你會做些什麼改變？

_____

_____

_____

_____

_____

_____

_____

_____

_____

_____

_____

_____

本章提到的 PRO 考試秘技一覽

㉞ 成為有後設認知能力的學習者

㉟ 歸納統整學習經驗

本章重點概念彙整

- **正確的時間使用合適的學習工具**

  要讓學習更有效率，就要在正確的時間使用合適的學習工具，並且不斷思考如何進步。

- **後設認知的重要性**

  要在正確的時間使用合適的學習工具，就需要後設認知——想像你的大腦之外還有另一個大腦——這個後設大腦會退一步，按下暫停鍵，問些高階問題。

● **問自己一些後設認知問題**

例如：

・碰到困難時，手邊有哪些資源可以運用？

・學習重點是否正確？是否需要重新安排優先順序？

● **使用學習自我管理四步驟，養成後設認知習慣**

步驟一：了解學習任務。

步驟二：設定目標和計畫。

步驟三：學習。

步驟四：自我監督與調整。

| 自我檢視單 |

35 個超實用學習秘技
（打勾表）

在開始一個學習計畫前（或是準備考試前），請利用這份檢視單，它重點整理了書中提到的所有學習技巧。但是，你還是要讀完整本書的內容，才能真正理解如何有效運用這些技巧。

一、練習專心並戰勝拖延

☐ 使用番茄鐘工作法（移除干擾因素，專心學習 25 分鐘後再休息）。

☐ 不要多工。

☐ 打造一個沒有干擾因素的環境。

☐ 記得不時休息一下。

二、突破卡關

☐ 卡關時，把注意力從手頭上的問題移開，或是休息一下，啟動發散模式。

☐ 擱置手邊的問題，等過一陣子再回頭處理卡關處。

☐ 使用「起頭難」策略來寫作業或是應試。

☐ 開始撰寫報告或論文時，不要一直停下來潤稿，順寫下去。要把寫作和潤稿的時間分開。

三、深入學習

☐ 主動學習：練習主動回想（提取練習）與闡述。

☐ 使用交錯學習法以及間隔學習法。

☐ 不要執著於簡單的內容，要挑戰自我。

☐ 睡眠和運動都要充足。

四、把工作記憶發揮到極致

☐ 把學習材料拆解成小單位，把專業術語翻譯成白話文。

☐ 用「待辦事項」清單減輕工作記憶負擔。

☐ 好好做筆記，筆記當天就要複習筆記。

五、強化記憶力

☐ 使用縮寫、圖像和記憶宮殿等訣竅來加速記憶。

☐ 運用譬喻來快速理解新概念。

六、把學習內容內化為直覺，想得更快

☐ 內化（不是死背）數理科目的解題程序與技巧。

☐ 比手畫腳來背誦新語言的生字。

七、活用（或從零開始打造）自律能力

☐ 找到不需依賴自律能力也能成功的方法。

☐ 移除環境中的誘惑、干擾因素以及阻礙。

☐ 養成好習慣。

☐ 設定目標，找出阻礙並預想遇到阻礙時的處理方式。

八、激勵自己、提升動力

☐ 提醒自己完成任務可以帶來的所有好處。

☐ 完成困難的任務後，給自己一點獎勵。

☐ 學習內容的難度一定要符合自己的能力。

☐ 設定目標──長期目標、里程碑與歷程目標。

九、提升閱讀效率

☐ 仔細閱讀文本前先大致預覽。

☐ 主動閱讀：思考內文、練習主動回想、寫註解。

十、戰勝考試

☐ 盡可能蒐集考試相關資訊，做好讀書計畫。

☐ 練習舊試卷中的考古題。

☐ 應試時：仔細閱讀應試須知，注意時間，檢查答案。

☐ 使用「起頭難」策略應試。

十一、成為學習的專家

☐ 做個有後設認知能力的學生：了解學習任務、設定目標和計劃、學習、自我監督與調整。

☐ 從經驗中學習：評估哪些方法管用，哪些地方可以改進。

NOTE

| 謝辭 |

　　我們在撰寫本書時得到很多人的幫助，衷心感謝曾經幫助我們的每一位。最要感謝的那一百多名試閱讀者，替我們讀過本書初稿，也提供了許多詳細的意見。是你們讓這本書更具說服力。還要感謝才華洋溢的插畫家奧立佛・楊恩（Oliver Young），替我們生出許多有趣的插圖來解釋重點概念。

| 引用書目 |

Adan, A., and J. M. Serra-Grabulosa. "Effects of caffeine and glucose, alone and combined, on cognitive performance." *Human Psychopharmacology* 25, no. 4 (2010): 310–17.

Adesope, Olusola O., et al. "Rethinking the use of tests: A meta-analysis of practice testing." *Review of Educational Research* 87, no. 3 (2017): 659–701.

Agarwal, P. K., and P. Bain. *Powerful Teaching: Unleash the Science of Learning.* San Francisco, CA: Jossey-Bass, 2019.

Agarwal, Pooja K., et al. "Examining the testing effect with open and closedbook tests." *Applied Cognitive Psychology* 22, no. 7 (2008): 861–76.

Ampel, Benjamin C., et al. "Mental work requires physical energy: Self-control is neither exception nor exceptional." *Frontiers* *in Psychology* 9 (2018): Art. No. 1005.

Anderson, Michael L. "Neural reuse: A fundamental organizational principle of the brain." *Behavioral and Brain Sciences* 33, no. 4 (2010): 245–66.

Antonietti, A. et al, "Enhancing self-regulatory skills in ADHD through music." In Music Interventions for Neurodevelopmental Disorders, edited by Alessandro Antonietti, et al, 19-49: Springer, 2018.]

Antony, J. W., et al. "Retrieval as a fast route to memory consolidation." *Trends in Cognitive Science* 21, no. 8 (2017): 573–76.

Bardgett, Mark E., et al. "Dopamine modulates effort-based decision making in rats." *Behavioral Neuroscience* 123, no. 2 (2009): 242.

Bart, Mary. "Students study about 15 hours a week, NSSE finds." *The Faculty Focus* (2011). https://www.facultyfocus.com/articles/edtech-news-and-trends/students-study-about-15-hours-a-week-nsse-finds/.

Basso, Julia C., and Wendy A. Suzuki. "The effects of acute exercise on mood, cognition, neurophysiology, and neurochemical pathways: A review." *Brain Plasticity* 2, no. 2 (2017): 127–52.

Beilock, Sian. *Choke: What the Secrets of the Brain Reveal About Getting It Right When You Have To*. New York: Free Press, 2010.

Berry, Dianne C. "Metacognitive experience and transfer of logical reasoning." *Quarterly Journal of Experimental Psychology Section A* 35, no. 1 (1983): 39–49.

Brady, Shannon T., et al. "Reappraising test anxiety increases academic performance of first-year college students." *Journal of Educational Psychology* 110, no. 3 (2018): 395–406.

Brandhorst, Sebastian, et al. "A periodic diet that mimics fasting promotes multisystem regeneration, enhanced cognitive performance, and healthspan." *Cell Metabolism* 22, no. 1 (2015): 86–99.

Bridgeman, Brent. "A simple answer to a simple question on changing answers." *Journal of Educational Measurement* 49, no. 4 (2012): 467–68.

Carter, Evan C., et al. "A series of meta-analytic tests of the depletion effect: Selfcontrol does not seem to rely on a limited resource." *Journal of Experimental Psychology: General* 144, no. 4

(2015): 796–815.

Cepeda, Nicholas J., et al. "Spacing effects in learning: A temporal ridgeline of optimal retention." *Psychological Science* 19, no. 11 (2008): 1095–102.

Chang, Y. K., et al. "The effects of acute exercise on cognitive performance: A meta-analysis." *Brain Research* 1453 (2012): 87–101.

Chiesa, A., et al. "Does mindfulness training improve cognitive abilities? A systematic review of neuropsychological findings." *Clinical Psychology Review* 31, no. 3 (2011): 449–64.

Christopher, Eddie A., and Jill Talley Shelton. "Individual differences in working memory predict the effect of music on student performance." *Journal of Applied Research in Memory and Cognition* 6, no. 2 (2017): 167–73.

Cousins, James N., et al. "Does splitting sleep improve long-term memory in chronically sleep deprived adolescents?" *npj Science of Learning* 4, no. 1 (2019): 8.

Cowan, N. "The many faces of working memory and short-term storage." *Psychonomic Bulletin and Review* 24, no. 4 (2017):

1158–70.

Cowan, Nelson. "The magical number 4 in short-term memory: A reconsideration of mental storage capacity." *Behavioral and Brain Sciences* 24, no. 1 (2001): 87–114.

Cox, K. H., et al. "Investigation of the effects of solid lipid curcumin on cognition and mood in a healthy older population." *Journal of Psychopharmacology* 29, no. 5 (2015): 642–51.

Cutino, Chelsea M., and Michael A. Nees. "Restricting mobile phone access during homework increases attainment of study goals." *Mobile Media & Communication* 5, no. 1 (2016): 63–79.

D'Angiulli, Amedeo, et al. "Vividness of visual imagery and incidental recall of verbal cues, when phenomenological availability reflects long-term memory accessibility." *Frontiers in Psychology* 4 (2013): 1–18.

Dehaene, S., and J. P. Changeux. "Experimental and theoretical approaches to conscious processing." *Neuron* 70, no. 2 (2011): 200–27.

Dignath, Charlotte, and Gerhard Buttner. "Components of fostering self-regulated learning among students: A meta-analysis on intervention studies at primary and secondary school level." *Metacognition and Learning* 3, no. 3 (2008): 231–64.

Dik, Giel, and Henk Aarts. "Behavioral cues to others' motivation and goal pursuits: The perception of effort facilitates goal inference and contagion." *Journal of Experimental Social Psychology* 43, no. 5 (2007): 727–37.

Doran, George T. "There's a SMART way to write management's goals and objectives." *Management Review* 70, no. 11 (1981): 35–36.

Duckworth, Angela L., et al. "Self-control and academic achievement." *Annual Review of Psychology* 70, no. 1 (2019): 373–99.

Duckworth, Angela Lee, et al. "Self regulation strategies improve self discipline in adolescents: Benefits of mental contrasting and implementation intentions." *Educational Psychology* 31, no. 1 (2011): 17–26.

Dunlosky, John, et al. "Improving students' learning with effective learning techniques: Promising directions from cognitive and educational psychology." *Psychological Science in the Public*

Interest 14, no. 1 (2013): 4–58.

Ericsson, K. Anders, and Robert Pool. *Peak: Secrets from the New Science of Expertise.* Boston, MA: Eamon Dolan/Houghton Mifflin Harcourt, 2016.

Fiebig, Florian, and Anders Lansner. "Memory consolidation from seconds to weeks: A three-stage neural network model with autonomous reinstatement dynamics." *Frontiers in Computational Neuroscience* 8 (2014): Art. No. 64, 1–17.

Fox, M. D., et al. "The human brain is intrinsically organized into dynamic, anticorrelated functional networks." *PNAS* 102 (2005): 9673–78.

Garcia-Argibay, Miguel, et al. "Efficacy of binaural auditory beats in cognition, anxiety, and pain perception: A meta-analysis." *Psychological Research* 83, no. 2 (2019): 357–72.

Garrison, Kathleen A., et al. "Meditation leads to reduced default mode network activity beyond an active task." Cognitive, *Affective, & Behavioral Neuroscience* 15, no. 3 (2015): 712–20.

Geng, J., et al. "Ginseng for cognition." *Cochrane Database of Systematic Reviews*, no. 12 (2010): Art. No. CD007769.

Gervain, Judit, et al. "Valproate reopens critical-period learning of absolute pitch." *Frontiers in Systems Neuroscience* 7, no. 102 (2013): Art. No. 102.

Glade, M. J. "Caffeine—Not just a stimulant." *Nutrition* 26, no. 10 (2010): 932–38.

Gothe, Neha P., et al. "Yoga effects on brain health: A systematic review of the current literature." *Brain Plasticity* 5, no. 1 (2019): 105–22.

Handel, David. "How to Unlock the Amazing Power of Your Brain and Become a Top Student." *Medium* (2019). https://medium.com/better-humans/how-to-unlock-the-amazing-power-of-your-brain-and-become-a-top-student-369e5ba59484.

Harvard Medical School. "Blue light has a dark side." *Harvard Health Letter* (2012, updated 2018). https://www.health.harvard.edu/staying-healthy/blue-light-has-a-dark-side.

Haskell, C. F., et al. "Behavioural effects of compounds co-consumed in dietary forms of caffeinated plants." *Nutrition Research Reviews* 26, no. 1 (2013): 49–70.

Heisz, J. J., et al. "The effects of physical exercise and cognitive training on memory and neurotrophic factors." *Journal of Cognitive Neuroscience* 29, no. 11 (2017): 1895–907.

Himmer, L., et al. "Rehearsal initiates systems memory consolidation, sleep makes it last." *Science Advances* 5, no. 4 (2019): eaav1695.

Hofmann, Wilhelm, et al. "Yes, but are they happy? Effects of trait self-control on affective well-being and life satisfaction." *Journal of Personality* 82, no. 4 (2014): 265–77.

Hruby, George G., and Usha Goswami. "Neuroscience and reading: A review for reading education researchers." *Reading Research Quarterly* 46, (2011): 156–72.

Hughes, Nicola, and Jolanta Burke. "Sleeping with the frenemy: How restricting 'bedroom use' of smartphones impacts happiness and wellbeing." *Computers in Human Behavior* 85, (2018): 236–44.

Hulleman, Chris S., et al. "Enhancing interest and performance with a utility value intervention." *Journal of Educational Psychology* 102, no. 4 (2010): 880–95.

Jansen, Renee S., et al. "An integrative review of the cognitive costs and benefits of note-taking." *Educational Research Review* 22 (2017): 223–33.

Jenkins, E. M., et al. "Do stair climbing exercise 'snacks' improve cardiorespiratory fitness?" *Applied Physiology, Nutrition, and Metabolism* 44, no. 6 (2019): 681–84.

Josselyn, Sheena A., and Paul W. Frankland. "Memory allocation: Mechanisms and function." *Annual Review of Neuroscience* 41, no. 1 (2018): 389–413.

Jwa, Anita. "DIY tDCS: A need for an empirical look." *Journal of Responsible Innovation* 5, no. 1 (2018): 103–8.

Kang, S., and T. R. Kurtzberg. "Reach for your cell phone at your own risk: The cognitive costs of media choice for breaks." *Journal of Behavioral Addictions* 8, no. 3 (2019): 395–403.

Kapadia, Chaitali, and Shimul Melwani. "More tasks, more ideas: The positive spillover effects of multitasking on subsequent creativity." *Journal of Applied Psychology* (2020): Advance publication online.

Karpicke, J. D., and J. R. Blunt. "Retrieval practice produces more learning than elaborative studying with concept mapping."

Science 331, no. 6018 (2011): 772–75.

Karpicke, Jeffrey D. "Retrieval-based learning: Active retrieval promotes meaningful learning." *Current Directions in Psychological Science* 21, no. 3 (2012): 157–63.

Kiewra, Kenneth A., et al. "Note-taking functions and techniques." *Journal of Educational Psychology* 83, no. 2 (1991): 240–45.

Kornell, Nate, and Robert A. Bjork. "Learning concepts and categories: Is spacing the 'enemy of induction'?" *Psychological Science* 19, no. 6 (2008): 585–92.

Kornell, Nate, Matthew J. Hays, and Robert A. Bjork. "Unsuccessful retrieval attempts enhance subsequent learning." *Journal of Experimental Psychology: Learning, Memory, and Cognition* 35, no. 4 (2009): 989–998.

Kuhn, Simone, et al. "The importance of the default mode network in creativity—a structural MRI study." *Journal of Creative Behavior* 48, no. 2 (2014): 152–63.

Kuznekoff, Jeffrey H., and Scott Titsworth. "The impact of mobile phone usage on student learning." *Communication*

Education 62, no. 3 (2013): 233–52.

Lally, Phillippa, et al. "How are habits formed: Modelling habit formation in the real world." *European Journal of Social Psychology* 40, no. 6 (2010): 998–1009.

Laws, Keith R., et al. "Is ginkgo biloba a cognitive enhancer in healthy individuals? A meta-analysis." *Human Psychopharmacology: Clinical and Experimental* 27, no. 6 (2012): 527–33.

Leinenger, Mallorie. "Phonological coding during reading." *Psychological Bulletin* 140, no. 6 (2014): 1534–55.

Leroy, Sophie, and Theresa M. Glomb. "Tasks interrupted: How anticipating time pressure on resumption of an interrupted task causes attention residue and low performance on interrupting tasks and how a 'ready-to-resume' plan mitigates the effects." *Organization Science* 29, no. 3 (2018): 380–97.

Liles, Jenny, et al. "Study habits of medical students: An analysis of which study habits most contribute to success in the preclinical years." *MedEdPublish* 7, no. 1 (2018): 61.

Lu, Bai, et al. "BDNF-based synaptic repair as a disease-modifying strategy for neurodegenerative diseases." *Nature Reviews:*

Neuroscience 14, no. 6 (2013): 401–16.

Lu, Jackson G., et al. "'Switching on' creativity: Task switching can increase creativity by reducing cognitive fixation." *Organizational Behavior and Human Decision Processes* 139 (2017): 63–75.

Ly, C., et al. "Psychedelics promote structural and functional neural plasticity." *Cell Reports* 23, no. 11 (2018): 3170–82.

Lyons, I. M., and S. L. Beilock. "When math hurts: Math anxiety predicts pain network activation in anticipation of doing math." *PLOS One* 7, no. 10 (2012): e48076.

Macedonia, M., et al. "Depth of encoding through observed gestures in foreign language word learning." *Frontiers in Psychology* 10 (2019): Art. No. 33.

Madjar, Nora, and Christina E. Shalley. "Multiple tasks' and multiple goals' effect on creativity: Forced incubation or just a distraction?" *Journal of Management* 34, no. 4 (2008): 786–805.

Mark, Gloria, et al. "How blocking distractions affects workplace focus and productivity." In *Proceedings of the 2017 ACM International Joint Conference on Pervasive and Ubiquitous Computing and Proceedings of the 2017 ACM International*

Symposium on Wearable Computers, 928–34: ACM, 2017.

Mark, Gloria, et al. "Neurotics can't focus: An in situ study of online multitasking in the workplace." In *Proceedings of the 2016 CHI Conference on Human Factors in Computing Systems,* 1739–44: ACM, 2016.

Mattson, M. P. "An evolutionary perspective on why food overconsumption impairs cognition." *Trends in Cognitive Science* 23, no. 3 (2019): 200–12.

Mayer, Richard E. *The Cambridge Handbook of Multimedia Learning.* 2nd ed. New York: Cambridge University Press, 2014.

Medeiros-Ward, N., et al. "On supertaskers and the neural basis of efficient multitasking." *Psychonomic Bulletin & Review* 22, no. 3 (2015): 876–83.

Miller, Marshall, et al. "Role of fruits, nuts, and vegetables in maintaining cognitive health." *Experimental Gerontology* 94 (2017): 24–28.

Milyavskaya, Marina, and Michael Inzlicht. "What's so great about self-control? Examining the importance of effortful self-control and temptation in predicting real-life depletion and goal attainment." *Social Psychological and Personality Science* 8, no. 6 (2017): 603–11.

Moffitt, Terrie E., et al. "A gradient of childhood self-control predicts health, wealth, and public safety." *PNAS* 108, no. 7 (2011): 2693–98.

Mokhtari, Kouider, et al. "Connected yet distracted: Multi-tasking among college students." *Journal of College Reading and Learning* 45, no. 2 (2015): 164–80.

Molenberghs, Pascal, et al. "Neural correlates of metacognitive ability and of feeling confident: A large-scale fMRI study." *Social Cognitive and Affective Neuroscience* 11, no. 12 (2016): 1942–51.

Nehlig, A. "Is caffeine a cognitive enhancer?" *Journal of Alzheimer's Disease* 20, suppl.1 (2010): S85–S94.

Nestor, J. *Breath: The New Science of a Lost Art.* New York: New York, Riverhead Books, 2020.

O'Connor, Anahad. "How the Hum of a Coffee Shop Can Boost Creativity." *New York Times*, June 21, 2013.

Oakley, Barbara A., and Terrence J. Sejnowski. "What we learned from creating one of the world's most popular MOOCs."

npj Science of Learning 4 (2019): Art. No. 7.

Oakley, Barbara, et al. *Uncommon Sense Teaching.* New York: Penguin Random House, 2021.

Oettingen, Gabriele, and Klaus Michael Reininger. "The power of prospection: Mental contrasting and behavior change." *Social and Personality Psychology Compass* 10, no. 11 (2016): 591–604.

Pan, Steven C., and Robert A. Bjork. "Chapter 11.3 Acquiring an accurate mental model of human learning: Towards an owner's manual." In *Oxford Handbook of Memory, Vol. II: Applications.* In press.

Poo, M. M., et al. "What is memory? The present state of the engram." *BMC Biology* 14 (2016): Art. No. 40.

Pribis, Peter, and Barbara Shukitt-Hale. "Cognition: The new frontier for nuts and berries." *American Journal of Clinical Nutrition* 100, 1 (2014): 347S–352S.

Rayner, Keith, et al. "So much to read, so little time: How do we read, and can speed reading help?" *Psychological Science in the Public Interest* 17, no. 1 (2016): 4–34.

Rendeiro, C., et al. "Flavonoids as modulators of memory and learning: Molecular interactions resulting in behavioural effects." *Proceedings of the Nutritional Society* 71, no. 2 (2012): 246–62.

Renno-Costa, C., et al. "Computational models of memory consolidation and long-term synaptic plasticity during sleep." *Neurobiology of Learning and Memory* 160 (2019): 32–47.

Repantis, Dimitris, et al. "Modafinil and methylphenidate for neuroenhancement in healthy individuals: A systematic review." *Pharmacological Research* 62, no. 3 (2010): 187–206.

Rittle-Johnson, Bethany, et al. "Not a one-way street: Bidirectional relations between procedural and conceptual knowledge of mathematics." *Educational Psychology Review* 27, no. 4 (2015): 587–97.

Roediger III, Henry L., and Jeffrey D. Karpicke. "Test-enhanced learning: Taking memory tests improves long-term retention." *Psychological Science* 17, no. 3 (2006): 249–55.

Roosevelt, Theodore. "The books that I read and when and how I do my reading." *Ladies' Home Journal* 32, no. 4 (1915). https://www.theodorerooseveltcenter.org/

Rowland, C. A. "The effect of testing versus restudy on retention: A meta-analytic review of the testing effect." *Psychology Bulletin* 140, no. 6 (2014): 1432–63.

Rubinstein, Joshua S., et al. "Executive control of cognitive processes in task switching." *Journal of Experimental Psychology: Human Perception and Performance* 27, no. 4 (2001): 763–97.

Ryan, Richard M., and Edward L Deci. "Self-determination theory and the facilitation of intrinsic motivation, social development, and well-being." *American Psychologist* 55, no. 1 (2000): 68.

Schapiro, Anna C., et al. "Complementary learning systems within the hippocampus: A neural network modelling approach to reconciling episodic memory with statistical learning." *Philosophical Transactions of the Royal Society B: Biological Sciences* 372 (2017). https://doi.org/10.1098/rstb.2016.0049.

Sedlmeier, Peter, et al. "The psychological effects of meditation: A meta-analysis." *Psychological Bulletin* 138, no. 6 (2012): 1139–1171.

Sekeres, M. J., et al. "The hippocampus and related neocortical structures in memory transformation." *Neuroscience Letters* 680 (2018): 39–53.

Sekeres, Melanie J., et al. "Mechanisms of memory consolidation and transformation." In *Cognitive Neuroscience of Memory Consolidation*, 17–44. Switzerland: Springer International Publishing, 2017.

Sheeran, Paschal, et al. "The interplay between goal intentions and implementation intentions." *Personality and Social Psychology Bulletin* 31, no. 1 (2005): 87–98.

Shirota, Y., et al. "Neuroscientists do not use non-invasive brain stimulation on themselves for neural enhancement." *Brain Stimulation* 7, no. 4 (2014): 618–19.

Sinanaj, I., et al. "Neural underpinnings of background acoustic noise in normal aging and mild cognitive impairment." *Neuroscience* 310 (2015): 410–21.

Sio, U. N., and T. C. Ormerod. "Does incubation enhance problem-solving? A meta-analytic review." *Psychological Bulletin of Science, Technology & Society* 135, no. 1 (2009): 94–120.

Smith, Amy M., et al. "Retrieval practice protects memory against acute stress." *Science* 354, no. 6315 (2016): 1046–48.

Smith, M. A., et al. "Glucose enhancement of human memory: A comprehensive research review of the glucose memory facilitation effect." *Neuroscience & Biobehavioral Reviews* 35, no. 3 (2011): 770–83.

Smith, M. E., and M. J. Farah. "Are prescription stimulants 'smart pills'? The epidemiology and cognitive neuroscience of prescription stimulant use by normal healthy individuals." *Psychological Bulletin* 137, no. 5 (2011): 717–41.

Sniehotta, Falko F., et al. "Action plans and coping plans for physical exercise: A longitudinal intervention study in cardiac rehabilitation." *British Journal of Health Psychology* 11, no. 1 (2006): 23–37.

Socci, V., et al. "Enhancing human cognition with cocoa flavonoids." *Frontiers in Nutrition* 4 (2017): Art. No. 10.

Standing, Lionel, et al. "Perception and memory for pictures: Single-trial learning of 2500 visual stimuli." *Psychonomic Science* 19, no. 2 (1970): 73–74.

Stork, Matthew J., et al. "Let's go: Psychological, psychophysical, and physiological effects of music during sprint interval exercise." *Psychology of Sport and Exercise* 45 (2019): 101547.

Straube, B., et al. "Memory effects of speech and gesture binding: Cortical and hippocampal activation in relation to subsequent memory performance." *Journal of Cognitive Neuroscience* 21, no. 4 (2009): 821–36.

Sweller, John, et al. *Cognitive Load Theory.* New York: Springer-Verlag, 2011.

Szuhany, Kristin L., et al. "A meta-analytic review of the effects of exercise on brain-derived neurotrophic factor." *Journal of Psychiatric Research* 60 (2015): 56–64.

Thompson, Derek. "A formula for perfect productivity: Work for 52 Minutes, Break for 17." *The Atlantic,* September 17, 2014. https://www.theatlantic.com/business/archive/2014/09/science-tells-you-how-many-minutes-should-you-take-a-break-for-work-17/380369/.

Tobin, K. J. "Fast-food consumption and educational test scores in the USA." *Child: Care, Health and Development* 39, no. 1 (2013): 118–24.

Treadway, Michael T., et al. "Dopaminergic mechanisms of individual differences in human effort-based decision-making." *Journal of Neuroscience* 32, no. 18 (2012): 6170–76.

Turow, Gabe, and James D. Lane. "Binaural beat stimulation: Altering vigilance and mood states." In *Music, Science, and the Rhythmic Brain: Cultural and Clinical Implications,* 122–39. New York: Routledge, 2011.

U.S. Department of Health and Human Services. "Physical Activity Guidelines for Americans, 2nd edition" (2018). https:// health.gov/paguidelines/second-edition/pdf/Physical_Activity_ Guidelines_2nd_edition.pdf.

Ullman, Michael T., and Jarrett T. Lovelett. "Implications of the declarative/procedural model for improving second language learning: The role of memory enhancement techniques." *Second Language Research* 34, no. 1 (2016): 39–65.

van Kesteren, Marlieke Tina Renee, and Martijn Meeter. "How to optimize knowledge construction in the brain." *npj Science of Learning* 5, no. 5 (2020).

van Praag, Henriette. "Exercise and the brain: Something to chew on." *Trends in Neurosciences* 32, no. 5 (2009): 283–90.

Walker, Matthew. *Why We Sleep: The New Science of Sleep and Dreams.* New York: Penguin, 2017.

Wamsley, Erin J. "Memory consolidation during waking rest." *Trends in Cognitive Sciences* 23, no. 3 (2019): 171–73.

Wamsley, Erin J., et al. "Dreaming of a learning task is associated with enhanced sleep-dependent memory consolidation." *Current Biology* 20, no. 9 (2010): 850–55.

Ward, Adrian F., et al. "Brain drain: The mere presence of one's own smartphone reduces available cognitive capacity." *Journal of the Association for Consumer Research* 2, no. 2 (2017): 140–54.

Wardle, Margaret C., et al. "Amping up effort: Effects of d-amphetamine on human effort-based decision-making." *Journal of Neuroscience* 31, no. 46 (2011): 16597–602.

Winne, Philip H., and Allyson F. Hadwin. "Studying as self-regulated learning." In *Metacognition in Educational Theory and Practice,* edited by D. Hacker et al., 27–30. Mahwah, NJ: Lawrence Erlbaum Associates, 1998.

Winter, Lloyd Bud. *Relax and Win: Championship Performance* *in Whatever You Do*. San Diego, CA: Oak Tree Publications, 1981.

Xie, Lulu, et al. "Sleep drives metabolite clearance from the adult brain." *Science* 342, no. 6156 (2013): 373–77.

Yang, Guang, et al. "Sleep promotes branch-specific formation of dendritic spines after learning." *Science* 344, no. 6188 (2014): 1173–78.

Zureick, A. H., et al. "The interrupted learner: How distractions during live and video lectures influence learning outcomes." *Anatomical Sciences Education* 11, no.4 (2018): 366–76.

國家圖書館出版品預行編目資料

超高效學習：超級學霸X跨界學習權威的 35 個 PRO 考試秘技 /
芭芭拉・歐克莉（Barbara Oakley PhD）、歐拉夫・修威（Olav
Schewe）著；高需芬譯. -- 臺北市：三采文化股份有限公司，
2022.04
　　面；　公分. -- (Mindmap ; 237)
譯自：Learn like a Pro: Science-Based Tools to Become
Better at Anything
ISBN 978-957-658-786-3（平裝）

1.CST: 學習方法 2.CST: 學習策略 3.CST: 學習心理學

521.1　　　　　　　　　　　　　　　　111002452

◎封面圖片提供：
Rassco - stock.adobe.com

suncolor
三采文化集團

Mindmap　237

超高效學習：

超級學霸X跨界學習權威的 35 個 PRO 考試秘技

作者｜ 芭芭拉・歐克莉（Barbara Oakley PhD）、歐拉夫・修威（Olav Schewe）　　翻譯｜ 高需芬
主編｜ 喬郁珊　協力編輯｜ 徐敬雅　版權選書｜ 杜曉涵
美術主編｜ 藍秀婷　封面設計｜ 池婉珊　內頁排版｜ 顏麟驊

發行人｜ 張輝明　總編輯｜ 曾雅青　發行所｜ 三采文化股份有限公司
地址｜ 台北市內湖區瑞光路 513 巷 33 號 8 樓
傳訊｜ TEL:8797-1234　FAX:8797-1688　網址｜ www.suncolor.com.tw
郵政劃撥｜ 帳號：14319060　戶名：三采文化股份有限公司
初版發行｜ 2022 年 4 月 15 日　定價｜ NT$420
　　3 刷｜ 2023 年 2 月 5 日